手边的智慧：实用视角下的新闻编辑研究

王夏妮　著

中国商业出版社

图书在版编目（CIP）数据

手边的智慧：实用视角下的新闻编辑研究 / 王夏妮著. -- 北京：中国商业出版社, 2023.9
ISBN 978-7-5208-2648-8

Ⅰ. ①手… Ⅱ. ①王… Ⅲ. ①新闻编辑－研究 Ⅳ. ①G213

中国国家版本馆CIP数据核字（2023）第186263号

责任编辑：许启民
策划编辑：武维胜

中国商业出版社出版发行
（www.zgsycb.com　100053　北京广安门内报国寺1号）
总编室：010-63180647　编辑室：010-83128926
发行部：010-83120835/8286
新华书店经销
北京亚吉飞数码科技有限公司印刷
*
710毫米×1000毫米　16开　12.5印张　194千字
2024年4月第1版　2024年4月第1次印刷
定价：82.00元
* * * *
（如有印装质量问题可更换）

前　言

随着信息资讯产业的飞速发展，新闻传播业时时刻刻都在传播着各种信息，影响着社会的方方面面。现代社会是媒介社会，新闻传媒时刻影响着人们的思想、行为和生活。人们越来越多地通过报纸、广播、电视、网络等大众媒介掌握新闻信息，获得各种知识，甚至得到精神上的享受和业务上的提高。

作为整个信息传播活动的关键环节，新闻编辑工作运作得好坏，直接决定了信息传播质量的高低以及传播效果的好坏。作为人类发展的重要动力之一，信息传播水平的高低与社会的进步程度以及发展水平的高低密切相关。因此，新闻编辑工作的质量实际上反映的是社会信息传播水平的真实状况。为了能够让更多人对新闻编辑的相关知识有所了解，特撰写了本书。

本书共包括八章内容：第一章对新闻编辑的基本理论知识进行了简要阐述；第二章至第七章分别对新闻媒介定位与编辑方针、新闻编辑策划与报道、新闻稿件的组织、选择与修改、新闻标题的制作、新闻图片的编辑与应用、版面编排设计进行了研究；第八章对新闻编辑的新技术应用进行了研究。总体来说，本书结构清晰明了，内容丰富翔实，具有全面性、实用性和可操作性等特点。

本书在撰写的过程中参阅了许多有关新闻编辑的著作，在此表示最诚挚的谢意!由于时间仓促，作者水平有限，错误和不当之处在所难免，恳请广大读者在使用中多提宝贵意见，以便本书的修改与完善。

作　者

2023年3月

目 录

第一章　新闻编辑概述

新闻编辑处于信息传播枢纽的位置，具有重要的作用，任何一个新闻传播媒介都需要新闻编辑。本章即对新闻编辑活动的产生、新闻编辑观念的确立、新闻编辑的主要任务、新闻编辑的作用与职能以及马克思主义新闻观对新闻编辑的指导意义进行简要研究。

第一节　编辑活动的产生

一、编辑的内涵

编辑是指设计、组织、审读和加工作品，为复制和发行做准备的工作，也指专门从事编辑工作的人员或出版专业技术职务中的中级职务。概括来说，编辑的内涵主要包括以下几个方面（见图1–1）。

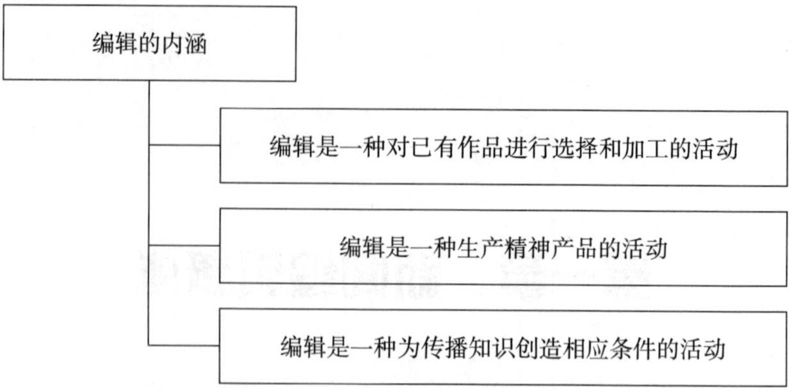

图1–1　编辑的内涵

（一）编辑是一种对已有作品进行选择和加工的活动

编辑活动的劳动对象是原有的作品，在对这些作品进行选择和加工的过程中，不经过作者同意，编辑是不可以对作品原有的内容和风格等进行修改，不可以破坏原有作品的完整性。

（二）编辑是一种生产精神产品的活动

一个记录着知识信息的作品在经过了选择、加工形成的付印稿件是等待着制作成正式出版物的精神产品，这个精神产品在成为正式出版物之前，编辑进行了大量的创造性劳动。

（三）编辑是一种为传播知识创造相应条件的活动

编辑作为传播媒介的一个重要组成部分，其创造精神产品的最终目的是使这些精神产品可以通过复制等手段不断向公众传播，使公众可以从中得到某种启示。所以，编辑的任何活动都要遵循一定的方针和原则，按照计划进行，绝对不可以盲目地进行生产。

二、编辑活动产生的条件

编辑活动的产生需要一定的社会条件，概括来说，这些条件主要包括以下几个方面（见图1–2）。

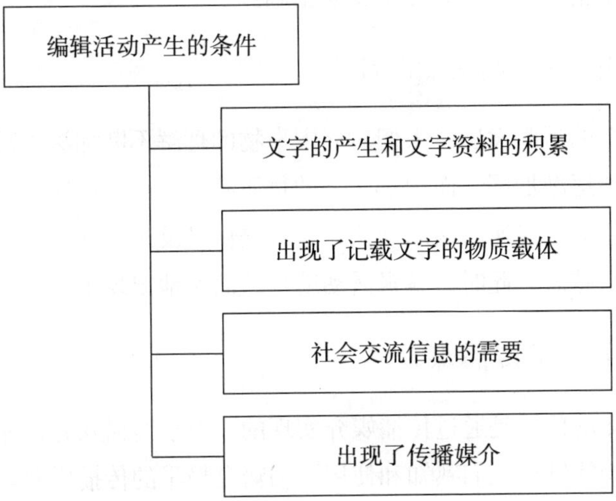

图1–2　编辑活动产生的条件

（一）文字的产生和文字资料的积累

远古时代，人类没有语言和文字，但随着生产活动的增加，人们之间的交流逐渐增多，越来越感觉到彼此之间需要交际，于是便逐渐产生了语言，但由于语言无法长久记忆，也不便于远距离传播，人们便想到了用各种符号进行记录，以解决语言存在的问题。

原始人类创造符号的方法是多种多样的，但图画符号是当时人们使用最普遍的一种符号，因为这种符号可以最直观地传达各种信息。

随着社会的不断发展，各种记录知识信息的文字资料逐渐增多，这就需要对这些信息进行收集和整理，于是，编辑活动便有了劳动的对象，这也成为各种文化得以有效传播的一种客观的需求。

所以说，文字的产生和文字资料的积累是编辑活动产生的一个重要条件。

（二）出现了记载文字的物质载体

文字出现之后，人们如果想利用文字进行信息的记录，就必须具有能够承载文字的物质载体，如果没有这个物质载体，那么文字信息的相关内容就无法传播，编辑工作也就失去了物质基础。

（三）社会交流信息的需要

随着社会的不断发展，人们对周围事物的理解不断加深、对传播社会交流信息的需要逐渐加深，而记录文字的物质载体的出现适应了人们的这种需要，使得信息的传播速度逐渐增快，这种增快又反过来使人们对信息加工的程度要求越来越高，此时，编辑活动就自然而然地出现了。

（四）出现了传播媒介

社会文化的传播是通过传播媒介实现的，有了传播媒介，才能使越来越多的文化知识能够被人们熟知和使用。书籍是最早的传播媒介。

三、编辑活动的发展

在长期的发展过程中，编辑活动经历了不同的发展阶段，概括来说，主要包括以下几个阶段（见图1–3）。

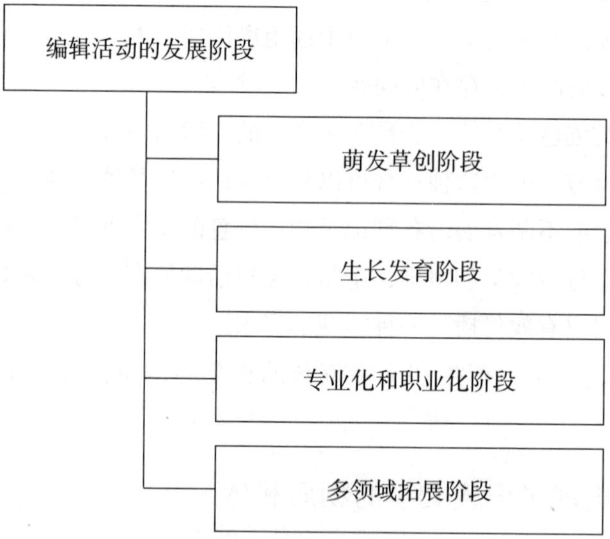

图1–3　编辑活动的发展阶段

（一）萌发草创阶段

在我国，编辑活动的萌发草创阶段指的是从编辑活动开始出现到出版业形成的阶段。这一阶段中的编辑是没有专职人员的，通常是由文人学者和政府的官员兼任的，编辑人员的创造性和主体性是非常有限的，但这一阶段编辑活动的体例与方法等却对后来编辑活动的发展具有重要影响。

（二）生长发育阶段

在这一阶段，编辑活动开始和著作活动分离，成为出版行业的重要组成部分。但这一阶段的编辑、出版和发行的分工还不是很明确，相对专业化的编辑队伍也没有形成。

（三）专业化和职业化阶段

随着报刊的出现，报刊的出版机构中首次出现了专职的编辑人员，编辑开始成为一门独立的职业。这一阶段的编辑活动有内部的专业分工和常设的机构，具有连续性、经常性等特点，在社会的文化生产和文化消费过程中发挥着选择优化和调控导向的重要功能。

（四）多领域拓展阶段

由于我国文化传播事业的不断发展，编辑活动从20世纪20年代开始从新闻出版扩大到了广播电视等行业，文化的传播媒介除了传统媒介之外，还出现了电子媒介和互联网的传播。编辑活动在不同行业和不同媒介中也都具有自己的特色。

第二节　新闻编辑观念的确立

编辑是一种蕴含着巨大的智慧含量的文化活动。新闻编辑活动与文学编辑工作具有显著的区别，概括来说，这些区别主要包括以下几个方面（见图

1–4）。

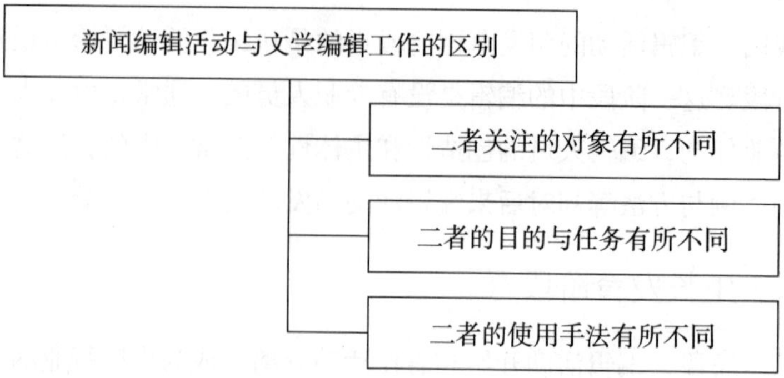

图1–4　新闻编辑活动与文学编辑工作的区别

第一，二者关注的对象有所不同。文学和新闻都是根植于现实生活的，现实生活是其生命的源泉。但文学活动所刻画的对象是人的故事，需要在作品中描写故事中人物复杂的性格特点，所以与丰富的想象力和集中概括是分不开的；而新闻关注的是事实中所发生的各种事件，真实和事实是新闻所关注的对象。所以说，新闻编辑与文学编辑所关注的对象是不同的。

第二，二者的目的与任务有所不同。文学作品通过塑造一定的人物形象，向读者传达一定的思想感情，使读者从作品中发现真善美，批判假丑恶；而新闻的目的和任务是向公众传达各种信息，使人们了解社会上正在发生的事情，具有客观真实的特点。

第三，二者的使用手法有所不同。文学作品中的很多人物和事件都是作者虚构出来的，可以说，虚构是文学作品最常使用的一种手段，文学作品中的人物、时间、地点、情节等都可以进行虚构；而新闻则不同，新闻是基于事实产生的，新闻中的事件和人物等都必须是真实的，新闻中不允许出现任何虚假的情节，就连最细小的情节也必须是真实的。在新闻中，即使是对于人物的胖瘦、衣着等描写错误，也会受到批评和质疑，所以，真实是新闻最基本的特点。

新闻编辑工作基本上是与新闻同步产生的，虽然现代各种报纸、电视、广播以及网络等都有新闻编辑，但不可否认的是，最早的新闻编辑是从报纸起步的，只是最早的新闻编辑与新闻采写者的工作是没有分离的，报纸的新闻采写者同时也是新闻编辑。在新闻编辑与新闻采写工作相分离之后，新闻编辑便成为一个独立的工种，新闻编辑的职业也由此正式产生。所以，我们现在所说的新闻编辑通常具有两方面的含义：第一层含义是指各种媒体机构中与新闻报道相关的工作，如策划、组织、设计、加工、制作等工作的总称；第二层含义是指从事这些工作的人。

我国最早的一些报刊虽然是由外国人创办的，但编辑的理念和版面与中国传统的邸报是非常相近的，如采用不分栏、竖排版、不用标点、标题字号与正文区别不大、惯用单行题、新闻不分重点主次等。19世纪末，梁启超等维新派配合政治变革创办的《时务报》《东方杂志》等一些报刊也进行了版面分栏编辑，增加标点符号，增加目录导读，外地新闻使用电文稿、双面印刷等编辑业务革新。1904年6月，上海《时报》也革新了报纸版式，如对开两面印刷，直行排版，新闻报道根据内容拟有标题，字号多样，版面活泼醒目。但是，绝大多数报纸依旧没有变化。到20世纪20年代，一些新闻的版面出现了显著的变化，例如，重要的新闻被安排在了重要的位置上，而且与重要新闻相关的一些材料被整理成了新闻标题。这些都改变了传统的简单堆砌新闻的做法，调动了新闻编辑和记者工作的积极性和主动性，使近代报纸新闻版面的内容和形式都发生了显著的变化。至此，现代新闻编辑的观念基本得到了确立。①

第三节　新闻编辑的主要任务

一、组织稿件

对稿件进行组织是编辑工作的一项重要内容，组织稿件就是从报道的全局出发对某一时期或者某一方面的新闻报道进行统筹安排。

---

① 彭涛. 实用新闻编辑学[M]. 武汉：华中师范大学出版社，2018.

（一）组织稿件的原因

1.组织稿件是提高稿件质量的重要保证

编辑部收到的稿件众多，质量也参差不齐，由于有些作者对编辑部的要求等并不十分了解，所以稿件仍然需要进行一定的修改，这就需要编辑参与其中。另外，有一定经验和水平的编辑通常不是被动地坐等来稿，而是主动出击，积极主动地去组织稿件，编辑通过这种有目的地、主动地组织稿件可以有自己的“独家新闻”。

2.组织稿件可以帮助编辑深入了解实际情况，抓住报道时机

作为新闻工作者，编辑的主要工作和活动场所通常是编辑部，通过对稿件进行有效组织可以加强编辑与社会接触的机会，使其能够了解到更多的实际情况。作为编辑，一定要努力克服因分工的不同而带来的一些时间上和空间上的不利因素，通过组织稿件等形式，寻找机会加强与记者等的联系，与他们沟通意见等，从而有利于抓住报道的时机，使组织的稿件更有质量。

（二）组织稿件的注意事项

组织稿件的注意事项主要包括以下几个方面（见图1–5）。

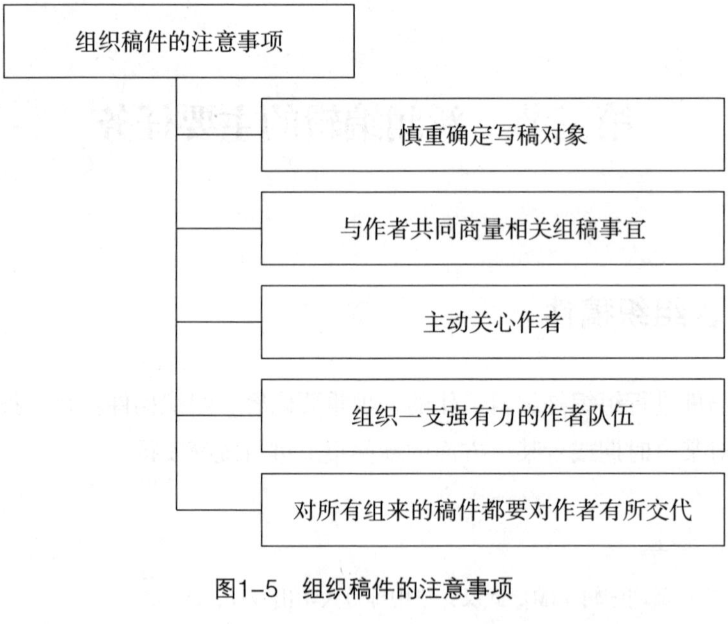

图1–5　组织稿件的注意事项

1.慎重确定写稿对象

有经验的编辑通常会有一支专业的作者队伍，对于这些作者的情况应有充分的了解，知道什么人能写什么样的稿子，这样，在需要的时候，尤其是在比较着急的时候，就可以“对号入座”了。

2.与作者共同商量相关组稿事宜

在作者组稿之前，编辑应该将写作的背景、意图、重点和角度等和作者交代清楚，以免后期出现不必要的麻烦。但需要指出的是，对于作者，编辑要给予足够的尊重，凡事都要多和作者商量，千万不可强人所难。

3.主动关心作者

编辑对作者的关心主要表现在以下几个方面。

（1）写作上的关心

在作者遇到写作中的各种问题时，编辑应该积极帮助其解决，例如，帮助作者借阅相关书籍、召开各种有利于写作的座谈会等。

（2）思想上的关心

在作者组稿的过程中，编辑一定要注意关心作者的思想，如作者的思想作风和思想品德等，只有这样才能保证稿件的质量，使作者的工作顺利进行。

4.组织一支强有力的作者队伍

在组织稿件的过程中仅靠一两个人是不够的，组织一支强有力的作者队伍是十分必要的。只有具备了这样一支队伍，才能保证稿件源源不断，也才能保证编辑的工作顺利进行。

5.对所有组来的稿件都要对作者有所交代

虽然编辑在让作者组织稿件之前都有了比较详细的准备，但由于种种原因，并不是所有的组稿都会顺利出版，这是非常常见的现象。对于这种问题，编辑一定要重视，要对所有组来的稿件都有所交代，绝对不能不了了之，尤其是那种组稿时非常着急要，但由于出现意外情况最后又没用，而对作者也没有解释清楚，这样会严重挫伤作者的积极性。所以，编辑对所有的稿件都要对作者有所交代，无论出现什么情况，都要首先和作者解释清楚。

二、选择稿件

面对大量的新闻来稿，新闻编辑需要进行选择。

（一）选择稿件的原则

新闻编辑在选择稿件时应该遵循一定的原则，概括来说，这些原则主要包括以下几个方面（见图1–6）。

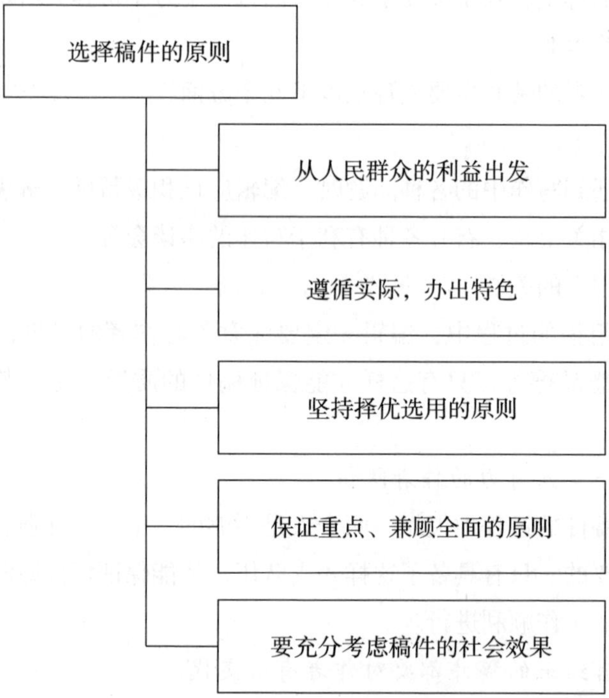

图1–6　选择稿件的原则

1.从人民群众的利益出发

报纸、电视等新闻媒体是党和人民的喉舌，对党和人民有利的新闻就是应该选择的，否则就是应该舍弃的，这是新闻编辑选择稿件时首先应该遵循的原则。

2.遵循实际，办出特色

在坚持正确政治方向、舆论导向和价值取向的前提下，各媒体都应该具有自己的特色。因此，新闻编辑一定要有清醒的认识，在选择稿件时，一定要遵循本媒体的实际，办出属于自己的特色。

3.坚持择优选用的原则

新闻编辑在选择稿件时，千万不可以看人选稿，更不要拿发表稿件做“交易”，要坚决杜绝“关系户”等不正之风，不以稿谋私。作为新闻编辑，一定要踏踏实实地做好本职工作，对于稿件，一定要择优选用。

4.保证重点、兼顾全面的原则

新闻编辑在选择稿件时一定要遵守保证重点、兼顾全面的原则，这是从新闻报道总体来说的。在一定时期，新闻报道的点与面要有所侧重，既要报道非常重要的新闻，也要跟踪报道那些比较容易被忽视的新闻，以发现其中具有价值的信息，这样不但能够调动被忽视的行业和部门的积极性，而且还可以扩大报道的知识面，丰富报道的相关内容。

5.要充分考虑稿件的社会效果

在选择稿件时，新闻编辑应遵守党的宣传纪律，既要考虑到现实意义和影响，又要考虑到社会效果。凡是可能会损害社会公德的相关报道，在选稿时一定要剔除。

（二）选择稿件的标准

新闻编辑的选稿标准如下。

第一，看稿件的内容是否真实。

第二，看稿件是否符合党的方针政策。

第三，看稿件是否符合当前需要解决的一些重大问题的需要。

第四，看稿件是否具有普遍的教育意义。

第五，看稿件能否帮助人们开阔视野，提高读者的素质。

第六，看稿件是否具有趣味性和时效性，能否满足不同兴趣爱好的读者的需要。

第七，看稿件是否与当地的实际情况相符。

三、修改稿件

（一）修改稿件的原则

新闻编辑在修改稿件时应该遵循一定的原则（见图1–7）。

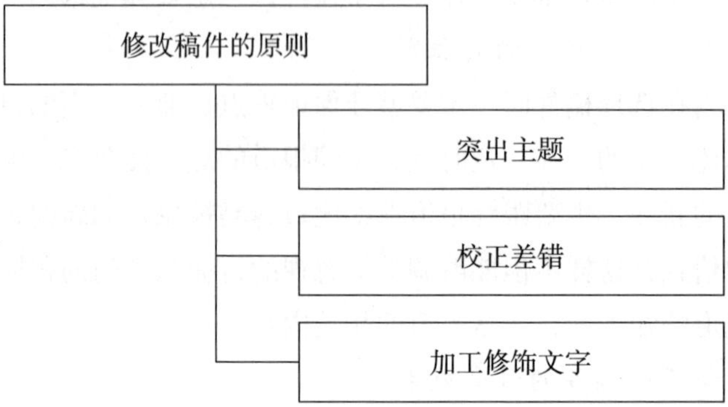

图1–7　修改稿件的原则

1.突出主题

稿件的主题是作者所要说明的主要问题，新闻编辑在对稿件进行修改时，一定要突出主题，使修改后的稿件主题更加突出。

2.校正差错

校正差错是指新闻编辑在对稿件修改时要纠正稿件中存在的思想政治上的差错、事实差错和其他的一般性差错。

（1）校正思想政治上的差错

第一，校正稿件中有关政治阐述的错误。

第二，校正稿件中有关党的方针政策的错误。

第三，校正稿件中不合时宜的报道内容。

第四，校正稿件中存在的报道不全面的错误。

（2）校正其他差错

对于稿件中所陈述的一些事实，新闻编辑一定要认真核实，以保证事实的准确性。另外，还要对稿件中经常出现的标点符号错误、错别字等进行认真校正。

3.加工修饰文字

通常来说，加工修饰文字存在以下几种情况。

第一，对于写的质量较好的稿件，编辑所需要做的就是删除其中不必要的字句。

第二，对于材料较好，但质量不是特别好的稿件，编辑要做的就是对稿件进行相应的改写，提高写作质量。

总体来说，新闻编辑在加工修饰文字时有大量的工作要做，任务非常艰巨，这就要求编辑具有良好的素质和专业水平。

（二）修改稿件的方式

概括来说，修改稿件的方式主要包括以下几个方面（见图1-8）。

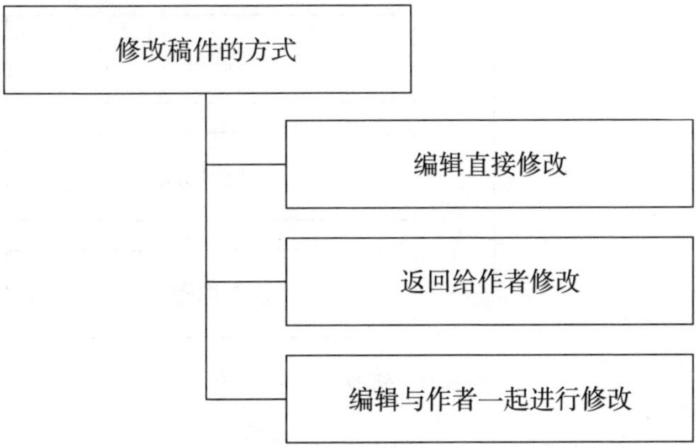

图1-8　修改稿件的方式

1.编辑直接修改

对于只需要改动少数部分文字就可以直接采用的稿件，编辑可以对其进行直接修改，在修改的过程中需要注意以下几个方面。

第一，在不改变作者原意的前提下进行改动。

第二，在不改变作者的写作风格的前提下进行改动。

第三，改错时一定要注意准确性，千万不可将对的改为错的。

2.返回给作者修改

对于一些需要改动较大，或者是一些缺少材料但编辑无法进行补充的稿件，需要返回给原作者进行修改。需要指出的是，在返回给原作者进行修改时，编辑一定要提出具体、明确的修改意见。

3.编辑与作者一起进行修改

对于一些情况比较复杂、作者自己修改起来又比较困难的稿件，编辑可以和作者一起进行修改，在共同修改的过程中一定要注意保持良好的沟通，以保证稿件的质量。

（三）修改稿件的步骤

新闻编辑在修改稿件时通常要经过以下三个步骤（见图1–9）。

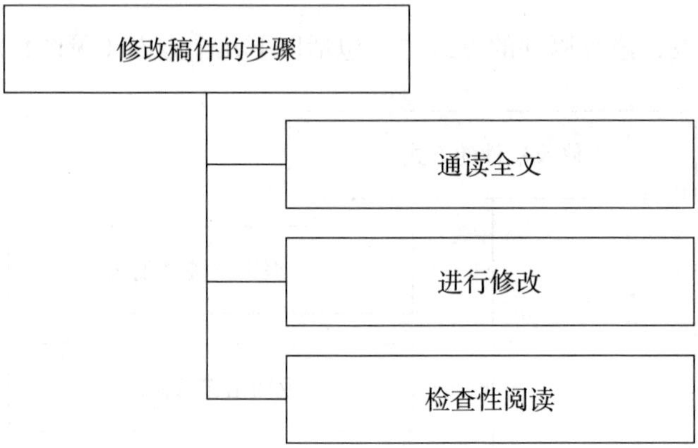

图1–9　修改稿件的步骤

1.通读全文

只有通读了全文，才能对稿件有一个全面的了解，也才能知道稿件具体存在哪些问题，需要从哪些方面进行修改。

2.进行修改

在通读了全文之后，编辑基本上心里有数了，也就可以针对具体问题进行相应的修改了。在对稿件进行修改的过程中，要注意使用通用的改样符号，另外，编辑要本着负责的态度进行修改，做到字斟句酌，一丝不苟。

3.检查性阅读

在对稿件修改完成之后，编辑要从头到尾再通读一遍，看是否已经将稿件修改通顺了，同时检查下自己修改的是否存在错误。

（四）修改稿件的方法

概括来说，修改稿件的方法主要包括以下几种（见图1–10）。

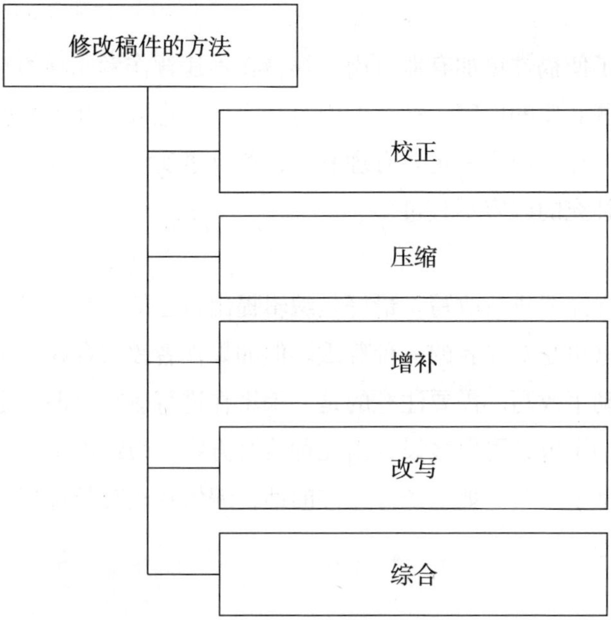

图1–10　修改稿件的方法

1.校正

校正就是修改稿件中的各种差错和不当之处。在校正的过程中，需要注意以下几个方面。

第一，编辑要备有权威的工具书，以方便查阅。

第二，编辑一定要做到“改必有据”，不要过分相信自己的记忆力。

2.压缩

压缩就是编辑要将稿件中不必要的成分删除，将稿件修改得既短又精。通常需要压缩的稿件有以下几种情况，应区别对待。

第一，如果稿件篇幅冗长，有大段的空话和套话，还包括了一些无从查证的资料，编辑可以对其进行大段的删除。

第二，对于一些稿件本身的问题不是太大，但是里面出现了一些以前曾经报道过，不需要再重复出现时，编辑可以对其进行适当压缩。

第三，对于一些质量较好且篇幅不长的稿件，虽然稿件本身没有问题，但是由于版面等的限制，需要对其进行压缩时，编辑一定要多花些工夫处理，压缩后一定要保证文气贯通。

3.增补

有时为了使稿件更加有血有肉，编辑在不违背作者原意的基础上可以适当地补充一些必要的内容，补充的内容一定要注意以下几个方面。

第一，补充的内容一定要有理有据，符合事实。

第二，补充的内容不宜过多。

4.改写

如果稿件需要进行改写，最好是编辑提出自己的设想，然后由作者自己进行改写，这也是对作者的一种尊重。但如果作者改写存在一定的困难，就可以由编辑动手改写。需要注意的是，编辑在进行改写之前一定要对稿件的内容有全面的了解，可以多设计出几种改写方案，最终确定出一个最优的方案，然后再动手改写。如果条件允许的话，编辑在改写的过程中一定要注意和作者多沟通。

5.综合

综合就是将一些内容相近的稿件整理在一个主题之下，这项工作处理起来会存在一定的困难。

（1）概括起来比较难

这里所说的概括，是指用什么观点来统率这些从大量稿件中选摘出来的材料，确定这一观点是非常困难的。

（2）选材比较难

选材就是指从大量的稿件中选择出适合自己使用的稿件，需要分辨出哪些稿件中的材料好，哪些稿件中的材料不好，去粗取精，去伪存真。

（五）修改稿件的注意事项

新闻编辑在修改稿件时应注意以下几个方面（见图1-11）。

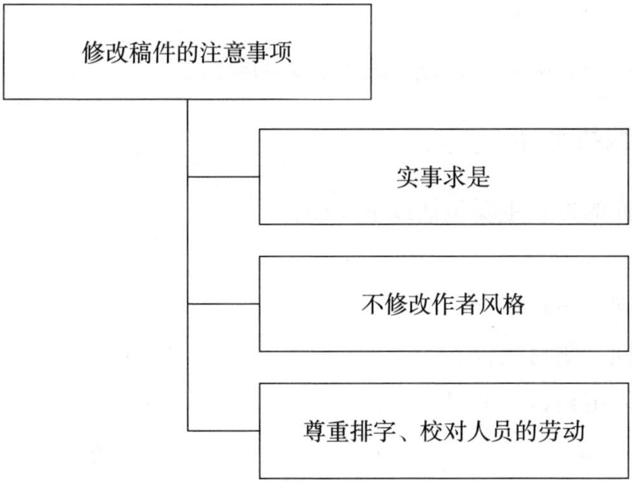

图1–11　修改稿件的注意事项

1.实事求是

在修改稿件时，新闻编辑不能想当然地进行修改，要有真凭实据，一定要实事求是。

2.不修改作者风格

新闻编辑在修改稿件时，不能根据自己的习惯和爱好随意修改，要尊重作者的写作风格。

3.尊重排字、校对人员的劳动

第一，编辑在改动稿件的过程中尽量不留“后患”，以避免浪费其他人的时间再次进行修改。

第二，编辑在改稿的过程中字迹一定要清楚。

四、编排版面

（一）编排版面的要求

第一，主次分明。

第二，版、栏有序，层次井然。

第三，集中与分散匀称。

第四，中心和一般结合。

第五，新颖、美观、大方，给人以美的享受。

（二）编排版面的方式

编排版面的方式主要包括以下几种。

1.集合

第一，同一主题集合。

第二，同一题材集合。

第三，固定栏目、节目集合。

2.配合

第一，通讯与消息配合。

第二，按语与消息配合。

第三，资料与消息、通讯、评论配合。

第四，图片与新闻、评论配合。

3.提要

第一，新闻前后的提要。

第二，要闻版的提要。

五、制作标题

（一）标题的种类

标题有直接体现主题和不直接体现主题两类（见图1–12）。

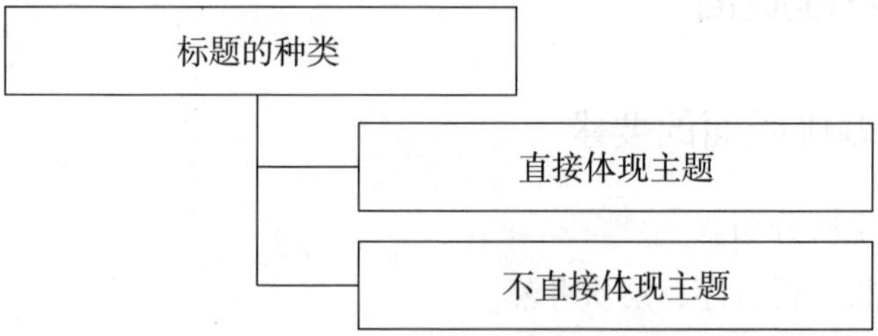

图1–12　标题的种类

1.直接体现主题

直接体现主题主要有以下几种类型。

第一，直接标明主题。

第二，用提问的方式点出主题。

第三，用比喻或者是象征的方式来暗示出主题。

第四，运用典故来暗示出主题。

2.不直接体现主题

不直接体现主题的主要有以下几种类型。

第一，以人物、事件或者地名为标题的。

第二，以一个情节或主要问题为标题的。

第三，以文中的警句或引语为标题的。

第四，揭示范围、内容的。

（二）制作标题的要求

制作标题的要求主要包括以下几个方面（见图1-13）。

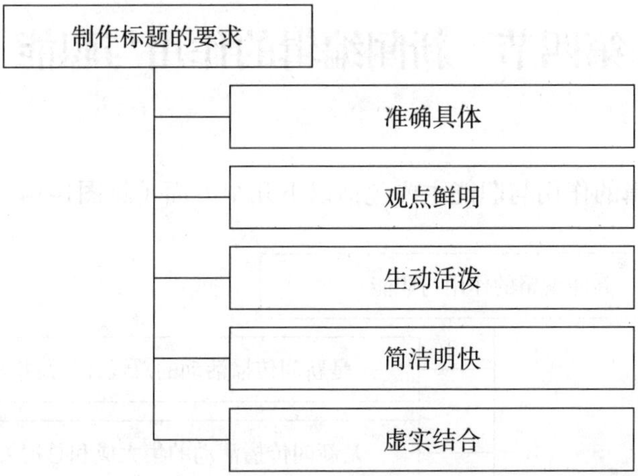

图1-13　制作标题的要求

1.准确具体

第一，要准确地概括事实。

第二，要准确地体现观点。

第三，要准确地运用文字。

2.观点鲜明

标题的观点一定要鲜明，要清楚地表达出媒体的态度，不能含糊其词，模棱两可。

3.生动活泼

就是要求新闻标题做到具体形象，通俗易懂，并有一定的吸引力和感染力。

4.简洁明快

新闻标题应用最少的文字表达最清晰的内容，简洁明快是标题最显著的特点之一。

5.虚实结合

以叙述为主，摆事实的标题称为“实题”；以说明为主，发议论的标题称为“虚题”。有些实题需要借助虚题加以发挥，所有的虚题都要依托实题而存在。

第四节　新闻编辑的作用与职能

新闻编辑的作用与职能主要包括以下几个方面（见图1–14）。

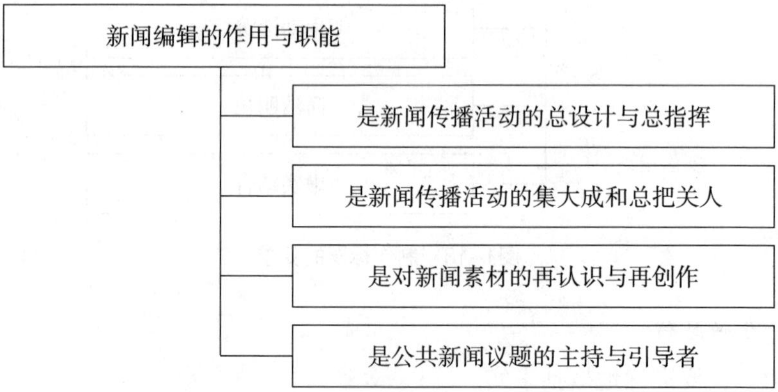

图1–14　新闻编辑的作用与职能

一、新闻编辑是新闻传播活动的总设计与总指挥

（一）是编辑方针的制定者和媒介新闻产品形象的设计师

以总编辑为中心的编辑委员会承担着制定编辑方针的重要任务，编辑方针用于规定媒体的受众对象、报道内容及风格等，最终制定出来的编辑方针是所有编辑人员需要共同遵守的行动纲领，任何人不得随意违反。另外，新闻编辑还担负着媒体产品的版面、结构以及外在形象等的设计，受众最终看到的每一个新闻产品形象都是新闻编辑劳动的结晶。

（二）是每一阶段新闻活动的策划者和组织者

总编辑、编辑部主任以及编辑策划人等都担负着策划和组织新闻报道的重要任务，这项任务在任何新闻活动中时刻存在着，并且随着社会的不断发展和技术的不断更新，这项任务在新闻活动中将具有越来越重要的位置。

（三）是记者进行采访写作的参谋

新闻编辑是每一个重大报道的指挥者，他们向记者部署采访的任务，随时了解记者工作的实际情况并为其提供各种帮助，比如采访线索和资料等。在记者采访的过程中，新闻编辑是记者的重要参谋，可以为记者指明采访的方向。随着社会的不断发展，新闻竞争将会越来越激烈，在这种情况下，指挥有方的新闻编辑就显得尤为重要。

二、新闻编辑是新闻传播活动的集大成和总把关人

在新闻传播的活动中，编辑工作是最终的稿件呈现在受众面前的最后一个关卡。例如，对于一个新闻稿来说，在其整个过程中，编辑既是加工者，同时也是把关人，这种把关既要杜绝新闻中出现的各种政治性的错误，也要杜绝出现各种文字性的错误，以保证稿件的真实性和准确性，使其完全符合出版要求。所以说，新闻编辑也是新闻传播活动的总把关人。

三、新闻编辑对新闻素材进行再认识与再创作

当记者或者作者将新闻稿件交到编辑部时，由于各种原因，这些作品并不会完全符合发布的要求。编辑在处理稿件的过程中，是对新闻素材的一种再认识的过程。由于编辑和记者工作内容的不同，二者通常会从不同的角度来考虑问题，工作在第一线上的记者虽然可以最真实地接近各种素材，但也有可能因为身处其中，受到某些主观因素的影响，其采写作品时难以保持客观的处理方式，而编辑的工作地点通常是在编辑部，他们通常会以客观冷静的态度去对待各种稿件，在对稿件进行审阅的过程中往往会发现记者出现的一些问题，还可能会发现一些新闻素材中存在的潜在价值，从而找到更好的报道角度。另外，编辑能够对新闻素材进行再认识还与他们能够接触更多的稿件有关系，在这些稿件中，编辑可以进行相互的对比和联系，这样就有可能发现更有价值的报道线索。

新闻编辑对稿件进行的加工修改是一种富有创造性的劳动，而不是简单的技术性工作。这种创造性活动是基于客观现实基础上的，不能随便杜撰，从这一点上来说，新闻编辑的这种再创作过程也是受到一定限制和制约的。

四、新闻编辑是公共新闻议题的主持与引导者

由于新闻编辑是新闻传播活动的总把关人，具有特殊的地位，所以编辑的直接言论或者是其所选择的言论，抑或是其对稿件的排版等，都是一种倾向性的表达。由于新闻媒体的特殊性，通过新闻媒体所发表的一切信息都会产生一定的影响，而编辑对新闻信息的传播具有引领作用，所以编辑的职业素质具有重要作用。对于公众普遍关注的一些话题，新闻编辑也应朝着适合国家发展需要的方向进行引导。总之，现代新闻编辑应该根据公众的不同需要，提供各种各样的信息与服务，并在这些信息的传播过程中起到了良好的引导作用。

第五节　马克思主义新闻观对新闻编辑的指导意义

马克思主义新闻观对新闻编辑的指导意义主要包括以下几个方面（见图1–15）。

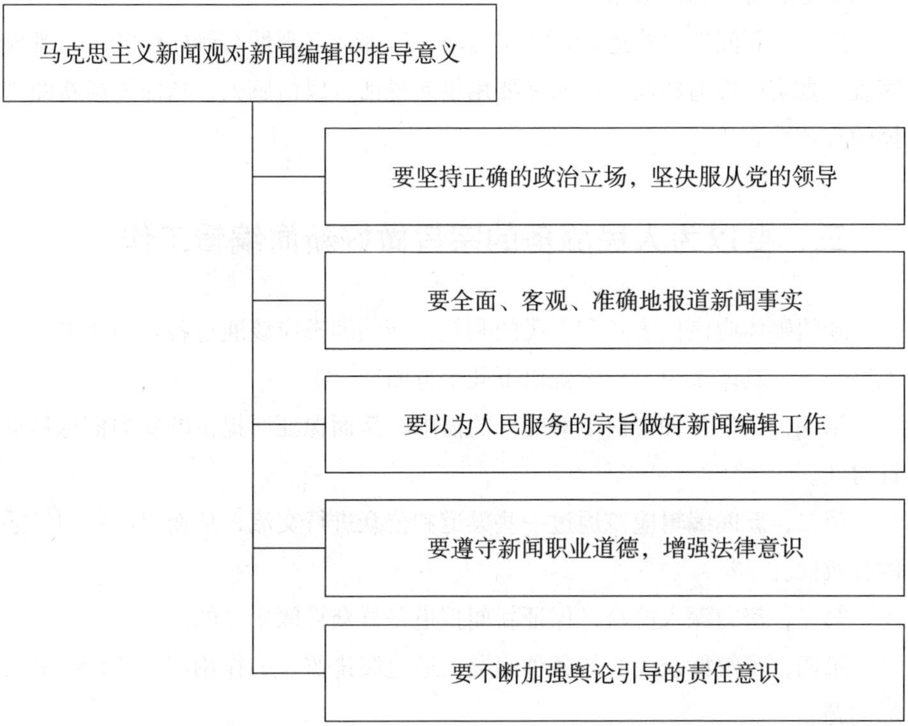

图1–15　马克思主义新闻观对新闻编辑的指导意义

一、要坚持正确的政治立场，坚决服从党的领导

新闻媒体是党和政府的重要宣传阵地，必须有正确的政治立场，坚决服从党的领导。我国的社会主义新闻事业是党和政府传播各种信息的舆论阵地，所以，新闻事业在任何时候都必须坚持正确的政治立场，服从党的领导，努力发挥其为党和人民服务的职责。

二、要全面、客观、准确地报道新闻事实

第一，新闻编辑在新闻的选择和版面的处理过程中要注意把握好事实的本质，保持正确的传播立场。

第二，新闻编辑要将客观事实作为新闻报道的依据，只有这样才能保证新闻报道取得应有的效果。

第三，新闻编辑在进行新闻报道时，应保持客观性与倾向性统一，既要客观、真实地报道新闻，同时又要用事实说话，以情感人，从而提高新闻传播的有效性。

三、要以为人民服务的宗旨做好新闻编辑工作

新闻媒体应该代表党和人民的利益，新闻编辑应该通过各种传播渠道为人民服务，具体来说，应做到以下几个方面。

第一，通过各种渠道了解受众的需求，从而保证所提供的新闻信息具有针对性。

第二，新闻编辑应该通过一些渠道和公众进行交流，从而提高新闻传播的有效性。

第三，努力深入群众，保证新闻报道是群众喜闻乐见的。

第四，了解群众关心的各种问题，通过舆论监督的作用帮助群众解决实际问题。

四、要遵守新闻职业道德，增强法律意识

新闻编辑在新闻处理以及版面安排等各个方面的具体操作中面临利益冲突的时候，一定要加强自律，提高自己的法律意识，规范自己的行为。新闻编辑不得利用发稿权以及版面处理权等谋私利，在新闻媒体遇到社会效益与经济效益相冲突的时候，一定要坚决把社会效益放在首位。

五、要不断加强舆论引导的责任意识

无论是正面报道还是批评性报道，编辑都应该从社会的全局进行考虑，把握好时、度、效，加强自己的舆论引导责任意识，争取新闻报道取得最佳的社会效果。

第二章　新闻媒介定位与编辑方针

媒介定位是研究如何满足受众的需求，抢占媒介市场，从而形成媒介风格的一种策略。编辑方针从整体上来说是一个比较泛化和笼统的概念，各出版和传播机构要想使编辑方针更具有指导性，就必须根据自己的实际情况对其进行细化，使其更加符合自身的特点。本章即对媒介定位的相关知识以及编辑方针的概念、新闻编辑方针的制定与执行进行研究。

第一节　新闻媒介定位

一、新闻媒介的概念

新闻媒介是指新闻传播过程中传播者和受众的中介，是新闻信息的物质载体，是用来表达某种含义的静态的或动态的任何物体和物体排列。

二、新闻媒介的分类

按媒介功能分类，可以将新闻媒介分为以下几种类型。

第一，报纸。报纸是最古老、最有权威、最有公信力、最有影响力的大众传播工具。

第二，电视。电视的出现，大大增强了新闻的传播功能。

第三，广播。广播具有迅速、简洁、灵活、制作成本低廉等特点，是新闻传播不可缺少的工具。

第四，互联网。互联网作为一种新闻传播工具，具有资源丰富、传输快捷、形式多样、交互性强等特点。

第五，手机。手机的普及，使新闻传播的双向交流成为可能。

三、新闻媒介的定位

新闻媒介的受众定位与功能定位是媒介经营策划的两大支点。功能定位主要是着眼于媒介性质，受众定位是客观性的存在，是传播活动的起始点和归宿，是不以任何主观意志为转移的客观性的制约。受众定位最终决定着媒介传播的成败得失。

（一）受众定位

随着社会的不断发展，各种媒介将越来越细分，每一种媒介都应发展自己最擅长的东西，舍弃自己比较薄弱的方面，最终确定自己的目标受众。

新闻媒介是为一定的受众提供服务的，比如，报纸的受众数量对其经济效益具有最直接的影响。现代社会，随着信息技术的不断发展，虽然一些传统媒体不断转型，但是作为媒介，仍然要利用各种手段为受众提供多样化的产品，在这一过程中，也必然会考虑到受众的规模。所以说，研究新闻媒介的受众定位具有重要意义。

（二）功能定位

功能定位指的是媒介所要担负的职责和所要发挥的作用。媒介的功能定位与其性质是密切相关的，我国的新闻媒介都是党领导下的新闻舆论机构，担负着为党和人民服务的使命。在这一大前提下，不同的媒介可以有自己不同的功能定位。媒介的功能定位首先是以受众的需求为基础的。其次，媒介的功能定位还以媒介主办者的主观愿望为基础，即主办者投资的目的是什么。

在新媒体的形势下，媒介的受众定位与功能定位会出现更加细分的状态，作为编辑，应该通过各种渠道发现细分群体的特征，从而可以有针对性地设计符合用户需求的各种产品。

四、新闻媒介定位的影响因素

新闻媒介定位的影响因素主要包括内部因素和外部因素两个方面。

（一）影响新闻媒介定位的外部因素

影响新闻媒介定位的外部因素主要包括以下几个方面（见图2-1）。

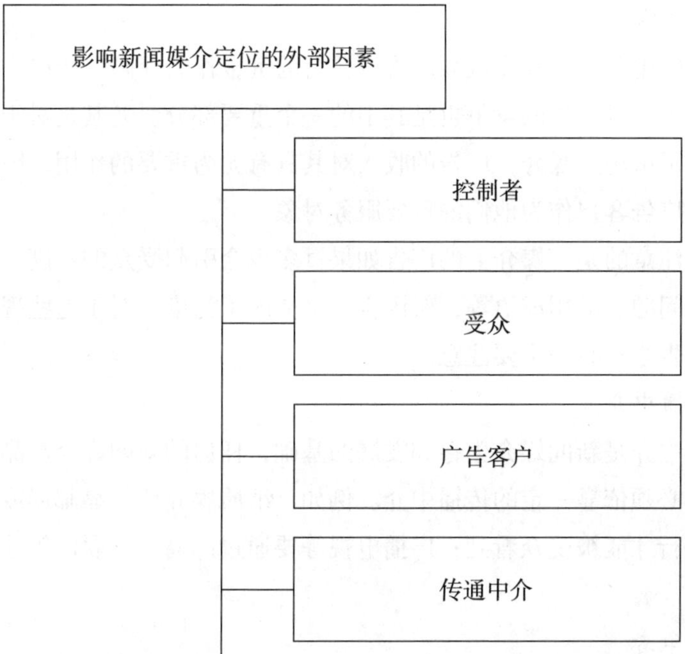

图2-1　影响新闻媒介定位的外部因素

1.控制者

控制者是指可以通过一定的手段对媒介定位进行控制的组织。

2.受众

受众是新闻媒介的服务对象。受众的年龄、收入、职业以及人数多少等都会对新闻媒介的消费心理和行为产生影响，并且对新闻媒介的定位等起到重要作用。

随着社会的不断发展，传播技术逐渐发达，传统媒体存在的一些欠缺得到了弥补。例如，传统媒体对受众的把握非常困难，但随着互联网和移动终端的发展，新媒体用户的媒体接触时间、地点以及内容等都能够被跟踪，在一定条件下，新闻编辑对受众有更为清晰的了解后，就能设计出更具有针对性的新闻产品。未来社会，随着对受众更全面深入的了解，新闻产品将会向着更加精准化的方向发展。

3.广告客户

媒介的生产循环需要依靠广告所获得的资金作为保障。所以，在各类媒体的竞争中，对广告的竞争也是其中的一个重要部分。尤其是对于那些已经完全进入了市场的媒介，广告的收入对其具有尤为重要的作用，因此他们会自觉地将广告客户作为他们的重要服务对象。

需要注意的是，媒介上的广告如果过多也会引起受众的不满，还有一些广告语法问题、乱用成语等，对语言文字造成了污染，对于这些现象，媒介在选择广告客户时一定要注意。

4.传播中介

传播中介是新闻媒介生存和发展的基础，任何的新闻媒介产品要实现其价值，都必须依靠一定的传播中介。例如，纸质媒介要依靠邮局或者是其他报刊的发行才能被受众看到；广播电视等要通过广播、互联网等才能被受众接收。

5.竞争者

改革开放之后，我国的各类新闻媒介无论是在数量上还是在类型上都发展迅速，这在客观上造成了各个媒介的竞争对手增多，竞争越来越严峻。媒介受众市场出现不断的分化已经是大势所趋，在这一新的形势下能否找到合适的市场定位和目标受众，并且生产出符合受众需要的各类高质量产品是决定媒介兴衰成败的重要标志。

（二）影响新闻媒介定位的内部因素

在媒介的定位决策中，内部条件的变化也是不可以忽略的一个重要因素。有时，媒介内部的人事变动、机构重组等都可能会直接导致媒介进行改版。概括来说，影响新闻媒介定位的内部因素主要包括以下几个方面（见图2-2）。

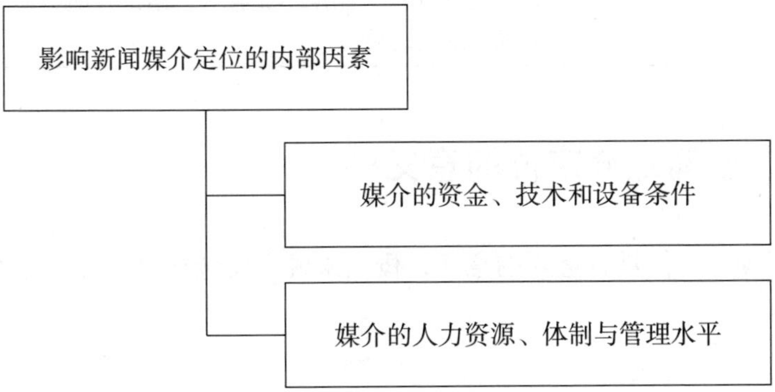

图2-2　影响新闻媒介定位的内部因素

1.媒介的资金、技术和设备条件

媒介的资金、技术和设备条件是媒介运行的“硬件”，无论媒介是要改版还是要新创办，抑或是日常要进行的新闻报道活动，都需要这些“硬件”的支持，没有这些“硬件”的支持将寸步难行。所以，媒介在进行任何活动之前都应清楚了解自己的“硬件”条件，量力而行，以确保自己的策划方案能够顺利开展。

2.媒介的人力资源、体制与管理水平

媒介的人力资源、体制与管理水平是媒介运行的“软件”（见表2-1）。

表2-1　媒介运行的“软件”

媒介运行的“软件”	具体阐述
媒介的人力资源	媒介的人力资源是指媒介拥有的各类专业人员的数量及素质水平等。媒介的人力资源制约着媒介所进行的各项活动，因为媒介的一切活动都是靠人去完成的

续表

媒介运行的“软件”	具体阐述
媒介的体制	媒介的体制是指媒体的组织制度，如媒介的用人制度、部门设置等。媒体体制的差异将直接影响从业者的态度和专业水平，并会对规划产生一定的限制
媒介的管理水平	管理水平高的媒介具有完善的制度、严格的纪律以及高效的工作流程，能够保证策划方案的顺利实施；而管理水平低的媒介由于纪律松散、制度不完善等，结果可能会使策划完美的方案成为纸上谈兵

五、新闻媒介定位的意义

新闻媒介定位具有重要的意义，概括来说主要包括以下几个方面（见图2-3）。

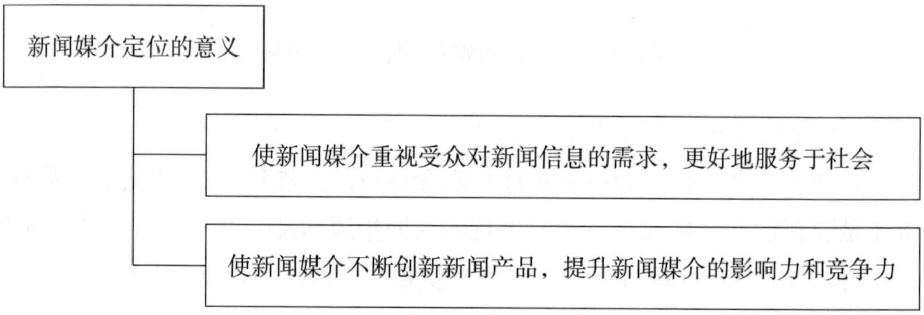

图2-3　新闻媒介定位的意义

（一）使新闻媒介重视受众对新闻信息的需求，更好地服务于社会

找准自己的服务对象，为他们提供合适的新闻产品是任何一家媒体都应该关注的重要问题。社会公众是由不同的人组成的一种综合体，在这一综合体中，人的性别、年龄、学历、成长背景、兴趣爱好等都是不同的，这就决定了他们对信息的需求也有所不同。新闻媒介的定位，就是要在社会的不断发展过程中确定媒介所要服务的人群，为他们提供适合需求的产品，以满足

其信息需求。这项工作促使了新闻媒介重视受众对新闻信息的需求，从而以优质的新闻产品更好地服务于社会。

（二）使新闻媒介不断创新新闻产品，提升新闻媒介的影响力和竞争力

对于新闻媒介来说，市场竞争规律同样发挥着重要的作用，只有通过市场研究，不断发现受众群体及其信息需求，才能不断调整自己的市场定位，生产出符合受众需求的产品，从而获得受众的认可。

第二节　编辑方针的概念

一、编辑方针的概念

编辑方针指人类社会文化活动中一切编辑工作所应遵循的基本准则。[①]

编辑方针通常是以受众、出版物的性质以及宗旨为依据进行制定，其内容主要包括以下几个方面。

第一，规定出版物的相关内容。

第二，规定出版物的相应水准。

第三，规定出版物的相关风格和特色。

编辑方针的内容通常由编辑人员进行制定，制定好的内容可以在内部印发，也可以对受众公布。

---

① 李端生. 新闻编辑学新论[M]. 成都：西南交通大学出版社，2014.

二、新闻编辑方针的概念

新闻编辑方针是从新闻传播的角度划分出的一个概念，是根据媒介的性质、定位与发展战略对新闻编辑工作的决策，它规定了媒介的受众对象、传播内容、传播水准和风格特色，是新闻传播媒介在进行新闻传播活动时应该遵循的基本原则。不管是哪种媒介，只要其运行的基本内容和形式等与新闻相关，那么就应该遵循新闻编辑方针。

第三节　新闻编辑方针的制定与执行

一、新闻编辑方针的制定

（一）新闻编辑方针制定的原则

制定一个准确、完善的编辑方针是一个复杂的过程，需要动员各方面的力量，不仅要在编辑部上上下下征求意见，还应该走出编辑部，广泛征求社会上各方面的意见，只有全面地收集各方面的意见，才有可能制定出完善、系统的编辑方针。具体来说，新闻编辑方针的制定应遵循以下几个原则（见图2-4）。

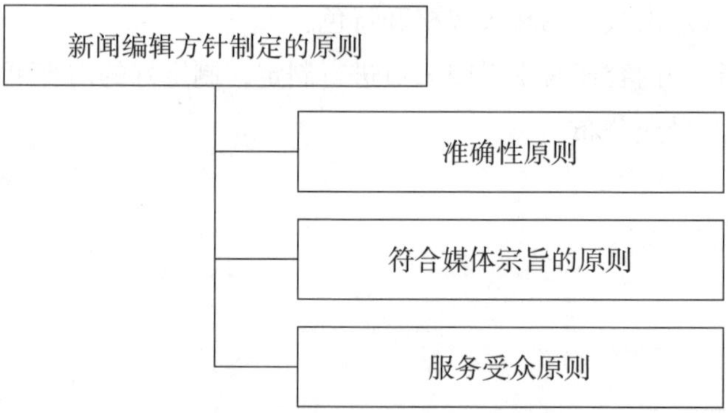

图2-4　新闻编辑方针制定的原则

1.准确性原则

对于任何一个媒体来说，都要具有自己的编辑方针，这是保证顺利运行的基本准则。这一准则规定了新闻编辑的行为准则，新闻编辑所从事的各项工作都必须遵循这一准则。所以说，制定新闻编辑方针时一定要遵循准确性的原则，同时也要注意具有自己的风格与特色，以和其他的媒体相区别。只有制定出的新闻编辑方针具有准确性的原则，才能保证新闻编辑工作的顺利进行。

2.符合媒体宗旨的原则

所有的媒体都有一个基本的工作宗旨，对媒体工作立场、原则等都有一个明确的规定，这一工作宗旨通常在媒体出现时就已经确定，有的在中途会进行相应的变革，但始终存在。每个媒体的宗旨是不一样的，有的是宣传文化，旨在提高国民素质；有的是休闲娱乐等。在制定新闻编辑方针时，一定要遵循符合媒体的宗旨原则，将媒体的宗旨具体落实到编辑工作中去，编辑方针就是媒介宗旨的外化形象和运行方式。

3.服务受众原则

新闻媒介在新闻传播领域都有其特定的服务对象，这就是受众定位，明确受众定位是媒体受众本位思想的体现。不同的受众定位就应该有不同的编辑方针，一家新闻媒体要想长久地发展下去，就必须清楚地了解自己的受众，了解受众的兴趣爱好和需求，只有这样，制定出来的编辑方针才切实有效。

（二）制定新闻编辑方针应考虑的因素

在制定新闻编辑方针时需要考虑一定的要素，概括来说，这些要素主要包括以下几个方面（见图2–5）。

1.新闻媒介的定位、目的以及功能

在制定新闻编辑方针时，首先要考虑的就是新闻媒介的定位、目的以及功能，使其能够从传播的角度得以体现，从而更好地发挥媒介的功能。同时，所有新闻编辑方针也应与总的方针相统一，为总方针服务。

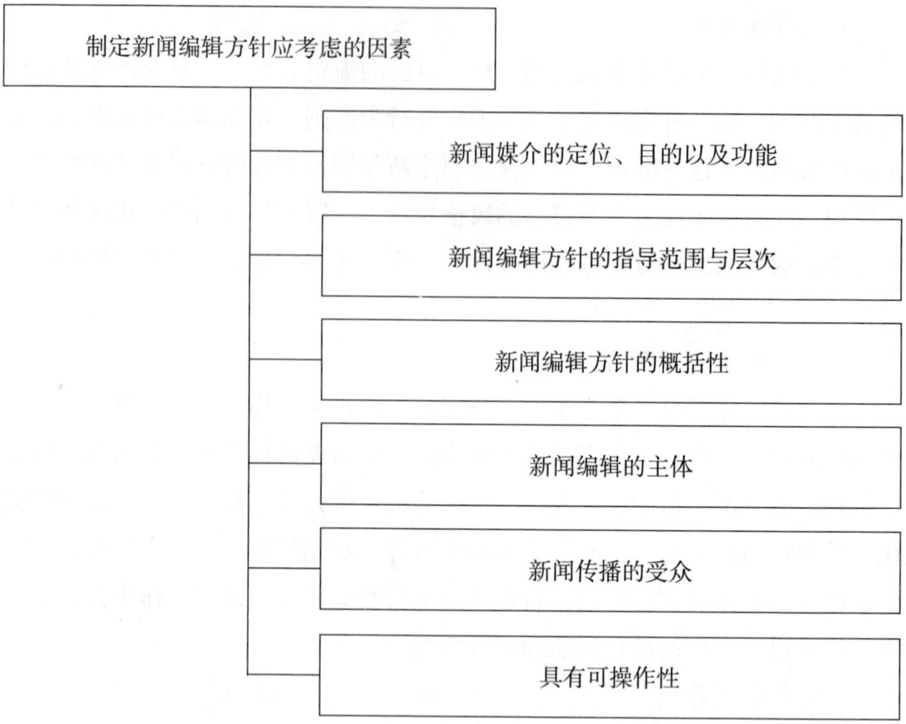

图2-5　制定新闻编辑方针应考虑的因素

2.新闻编辑方针的指导范围与层次

在制定新闻编辑方针时一定要考虑其指导范围，范围的大小应有一定的要求，哪些内容要在编辑方针中体现，哪些不需要，一定要明确。另外，在制定新闻编辑方针时还应该考虑层次性要素，层次的高低要恰当，层次过高会导致抽象空洞，而层次过低又会导致具体烦琐，这两种现象都应该极力避免，否则编辑方针就不能发挥其真正的效果。

3.新闻编辑方针的概括性

新闻编辑的方针是用一定的语言来表述的，在制定新闻编辑方针时，一定要使其具有概括性，要做到言简意赅、通俗易懂，用形象鲜明的文字将方针清晰地表达出来。

4.新闻编辑的主体

新闻编辑主体是贯彻、实施新闻编辑方针的核心力量，所以在制定新闻编辑方针时一定要符合新闻编辑主体的实际。

5.新闻传播的受众

新闻传播的受众是在制定新闻编辑方针时必须考虑的因素，如果忽视了受众的需求，那么编辑方针必定是失败的。将新闻编辑工作的相关规定性与新闻传播的受众联系起来，是新闻编辑方针需要考虑的一项重要内容。

6.具有可操作性

新闻编辑方针注重言简意赅和概括性，但也必须考虑其对新闻工作切实具有指导性。如果新闻编辑方针的内容过于抽象，那么就不容易被人理解，其指导性就会大大下降。所以，新闻编辑的方针一定要具有可操作性，这就要求制定的新闻编辑方针一定要具体。

（三）新闻编辑方针制定的要求

新闻编辑方针制定的要求主要包括以下几个方面（见图2–6）。

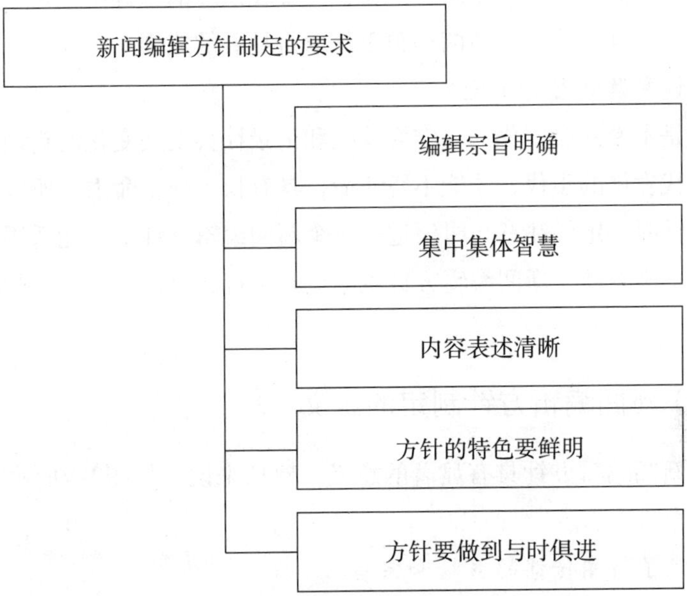

图2–6　新闻编辑方针制定的要求

1.编辑宗旨明确

新闻编辑方针在内容上要有明确的宗旨，比如为什么要传播新闻，传播新闻要达到什么目的，新闻作品应具有怎样的风格等。只有这样才能使新闻编辑人员方向明确，做事情之前要有章可循。

2.集中集体智慧

在制定新闻编辑方针时，要想使其具有高质量和很好的可操作性，那么就必须让群众的力量参与进来，集中集体的智慧来制定。在编辑方针的整个构思、表述和修改的过程中，都要征求多方面的意见，进行实地调查，然后再进行讨论，最后确定大家所公认的、能够长久发挥效果的新闻编辑方针。

3.内容表述清晰

制定出来的新闻编辑方针是要落实到新闻编辑的具体工作中的，对新闻编辑工作是具有指导性的，规范着新闻编辑的职业行为，所以，新闻编辑方针的内容一定要表述清晰，唯有如此才能真正发挥其指导性的作用。

4.方针的特色要鲜明

新闻编辑的方针要具有鲜明的特色，要在众多的方针中独树一帜，具有个性，只有这样，才能使新闻编辑工作取得显著的成绩。

5.方针要做到与时俱进

社会是不断发展变化的，作为反映和记录社会发展变化的新闻媒介也只有跟上时代发展的步伐，才能不辱使命，具有长久的生命力。所以说，在制定编辑方针时一定要注意与时俱进，一个新闻编辑方针不可能适用多年，随着社会的不断发展，新闻编辑方针也应适时进行调整，以适应新闻事业发展的需要。

（四）新闻编辑方针制定的意义

制定新闻编辑方针具有显著的意义，概括来说，如图2–7所示，主要包括以下几个方面。

1.确定了新闻传播的立场和宗旨

新闻编辑方针对新闻编辑的全体工作人员都具有指导和约束的作用，新闻媒体的全部工作人员都应遵循新闻编辑方针开展相关的业务，所以说，新闻编辑方针的制定确定了新闻传播的立场和宗旨。

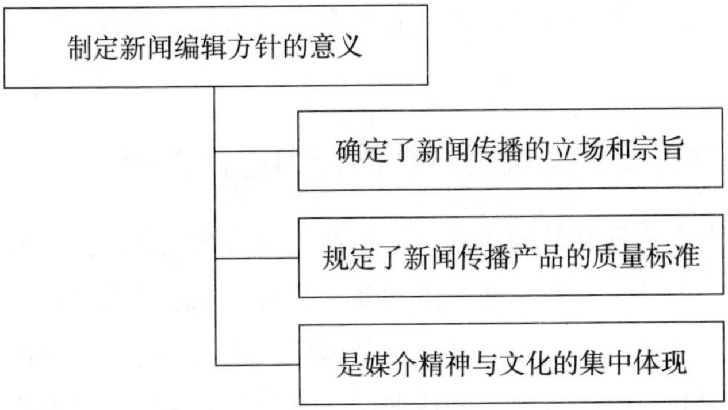

图2-7　制定新闻编辑方针的意义

2.规定了新闻传播产品的质量标准

新闻编辑方针对新闻媒体生产的各种产品具有一定的指导意义，从新闻产品的设计到新闻的采制、发布都要受到新闻编辑方针的规范和制约，这在一定程度上保证了新闻传播产品的质量。

3.是媒介精神与文化的集中体现

公开传播新闻编辑方针有助于公众加深对新闻媒介的了解，对于促进新闻媒介在公众心中的良好形象具有积极的促进作用。

二、新闻编辑方针的执行

（一）实施品牌战略

新闻媒体市场的竞争实际上是新闻媒体产品质量之间的竞争，有了质量也就具有了竞争力。实施品牌战略是提高新闻媒体产品质量的一种重要手段。实施品牌战略，可以从以下几个方面入手。

第一，从整体进行打造，即从内容、风格等方面进行高质量的打造，使其得到受众的认可。

第二，通过一两个品牌栏目带动整个媒体的品牌。只有保持长久的品牌影响力，新闻编辑方针的执行才能更有效。

对于新闻媒介来说，品牌形象至关重要。因此，新闻媒介需要在内容、形式、传播等方面不断创新，以提升自身的品牌形象。

总之，实施品牌战略是新闻媒介提高产品质量、增强竞争力的重要手段之一。

（二）对违反新闻编辑方针的行为进行抵制

当前，由于物质利益的诱惑，一些新闻媒体刊登庸俗低下的内容以吸引观众的眼球。另外，也有新闻媒体刊登一些具有隐蔽性的内容，对这些内容的好坏受众不易识别，从而对其缺乏警惕性。这些都是违背新闻编辑方针的行为，需要引起足够的重视。概括来说，违反新闻编辑方针的行为主要包括以下几个方面（见图2-8）。

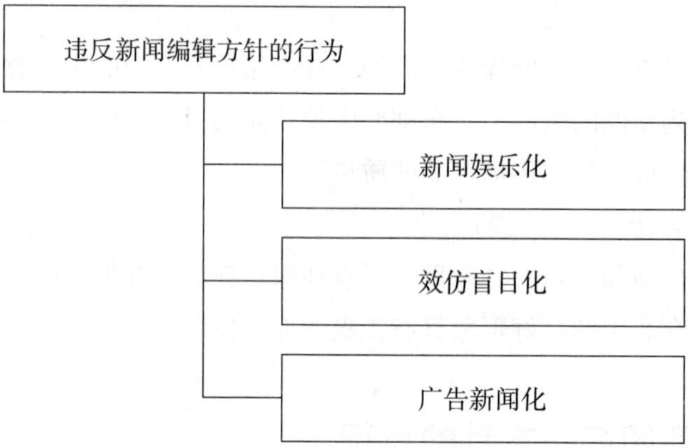

图2-8　违反新闻编辑方针的行为

1.新闻娱乐化

在一些互联网平台，新闻娱乐化的趋势比较明显。对于新闻娱乐化，有的人认为其只是追求一种轰动效应，对于这种趋势，学界和业界都对此提出了尖锐的批评。

（1）演新闻

新闻报道具有真实性的特点，其与戏剧化的虚构之间本来是界限分明的。但现在的一些媒体通过请“演员”来演新闻而将这种界限逐渐消除。有的在新闻中加入了“合理的想象”，使新闻变成了真假难辨的东西；有的媒体将没有拍到的东西通过扮演的方式进行再现。对于以上这些“演新闻”的做法，学界和业界都给予了批评。

（2）追求新闻情节的离奇

一些新闻媒体工作人员为了吸引受众的眼球，经常搞一些哗众取宠的东西，追求新闻情节的离奇。本来，再现新闻事件的冲突和趣味是很正常的事情，但如果过分哗众取宠，那么就会冲淡新闻本身的价值。

（3）重“编”不重“采”

现在一些新闻不是现实生活中真正发生的，而是编辑进行综合改编改出来的，尤其是一些名人趣闻、夫妻离异等事件，经过编辑的加工改造之后，更能吸引公众的眼球。

2.效仿盲目化

虽然说效仿是一种非常常见的现象，但要注意避免盲目效仿，因为盲目效仿是东施效颦，往往会产生很多的负面作用。

3.广告新闻化

用新闻的形式宣传产品是一种违规的行为，但近年来，广告新闻化的现象仍然存在，具体表现在以下几个方面。

第一，在写法上，无论是从标题还是从内容上看都与新闻非常相似。

第二，有一些广告通过新闻专栏的形式进行报道。

第三，有些广告还通过连续报道和当事人访谈等形式出现。

第三章　新闻编辑策划与报道

新闻编辑策划是建立在实践基础上的一种智力活动，是新闻报道中的一项重要内容。新闻报道就是对最新发生的事实进行的报道，具有及时、新鲜以及真实等特点。本章即对新闻编辑策划与报道的相关内容进行简要研究。

第一节　新闻编辑策划的基本流程

新闻编辑策划的基本流程如下（见图3–1）。

一、以践行新闻方针为目的进行新闻编辑策划行动

新闻编辑策划不是在好奇心的驱使下进行的盲目行动，而是一种有目的的活动，其目的非常明确，就是更好地体现出并且体现好新闻编辑的方针。

二、在充分调查研究的基础上认识客观形势

只有对新闻媒介的外部客观情况进行了充分的调查研究，才能对其有充分的了解，新闻编辑策划才能更具有针对性，新闻编辑方针也才能得到更好

的体现。

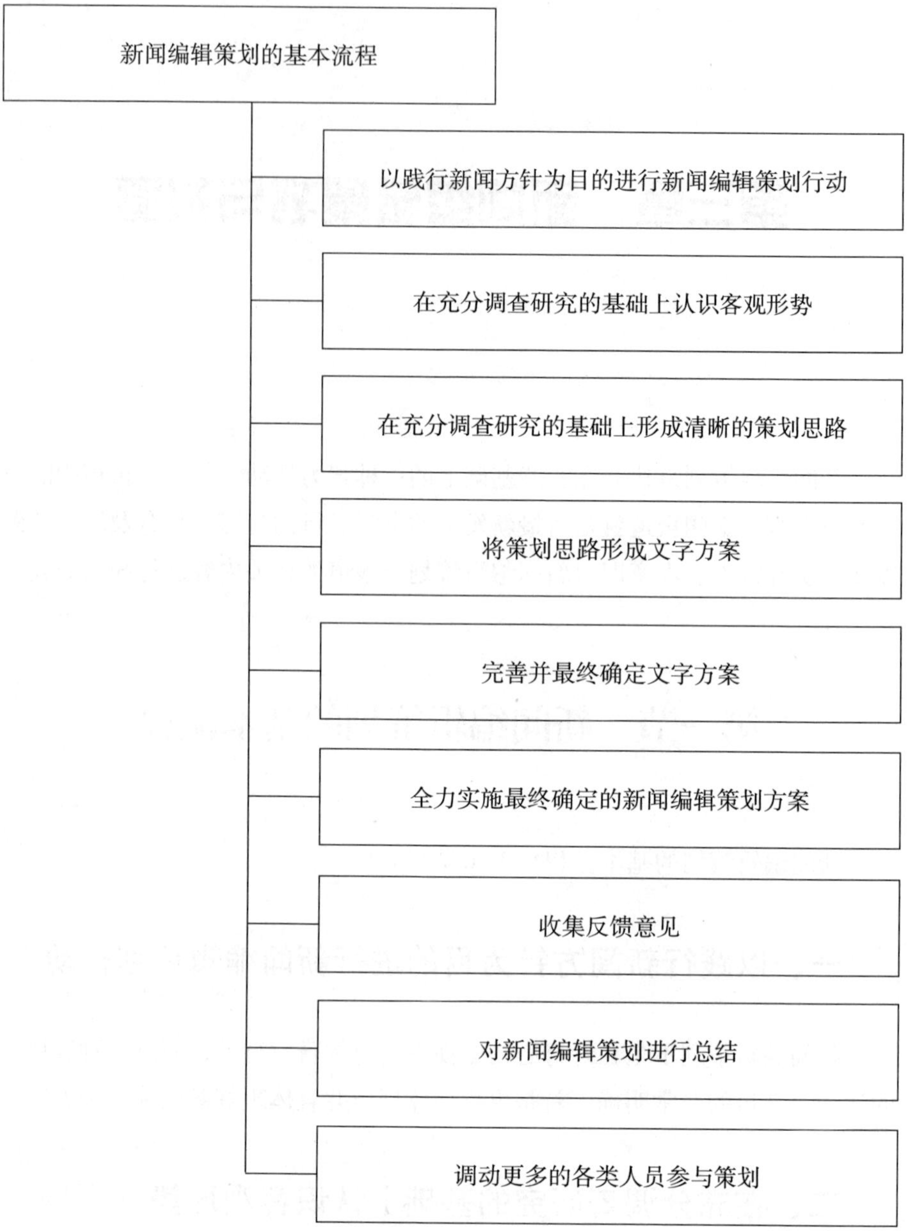

图3-1　新闻编辑策划的基本流程

三、在充分调查研究的基础上形成清晰的策划思路

在充分调查研究并认识客观形势的基础上，新闻编辑人员才能集思广益，观点碰撞，最后形成清晰的策划思路，在这一过程中，编辑人员的智慧、策划水平以及综合素质等才可以得到集中体现。

四、将策划思路形成文字方案

这一工作应该以新闻编辑主体为主角去完成，可以将众人的意见以及个人的见解通过文字形成准确的表达，使已经形成的策划思路最后以可见的文字方案形式出现。

五、完善并最终确定文字方案

在将策划思路形成了文字方案之后，以新闻编辑为主体的相关人员将再次进行更高水平的意见交流，不断对已经形成的文字方案进行完善，并最终形成一个完善的、体现编辑方针的文字方案。

六、全力实施最终确定的新闻编辑策划方案

这是一个将计划变为行动的过程，内容比较复杂，涉及面也比较广、耗时较长，在行动的过程中可以根据实际情况对新闻编辑策划方案进行微观调整。新闻编辑主体的意志和行为在这一过程中起着主导作用，新闻编辑的任务非常繁杂，这就要求新闻编辑思维清晰，决策准确，能够切切实实地将新闻编辑策划方案落实到位。新闻编辑主体在这一过程中一方面关注着新闻报道等的推进，另一方面还要对新闻报道的质量等进行把关处理，并密切关注传播的效果。

七、收集反馈意见

在新闻编辑策划方案实施了一段时间之后，新闻编辑一定要注意收集反馈意见，根据不同的反馈意见，当初制订的新闻编辑计划可能会被调整甚至终止。这是因为客观的变动对主观性制定的东西是起着决定性作用的，是不以个人的主观意志为转移的，人的主观意志在反映客观现实时仍然存在不足，这是客观存在的，也是符合辩证唯物主义认识论的。新闻编辑作为新闻编辑策划方案的核心人物，必须明白这一道理，唯有如此，才能在行动上随机应变。

八、对新闻编辑策划进行总结

对成功的新闻编辑策划进行总结比较容易，因为成功的新闻编辑策划本身就是一个好的总结文本，其证明了事先的策划与之后的实践具有高度的吻合度，可行性非常高。对于不成功的新闻编辑策划也需要进行一定的总结，这是十分必要的，虽然在反思的过程中会存在一定的痛苦成分，但这种总结更具有启示意义。

九、调动更多的各类人员参与策划

新闻编辑策划作为一项系统的工程，其无论在哪道环节，都必须有各类人员的参与，这些人既是新闻编辑策划的制定者，同时也是实施者，如果没有这些人员的参与，那么新闻编辑策划不可能成功。

第二节　新闻发现

一、新闻发现的概念

面对时刻发生的各种事实，新闻记者必须对其进行筛选，提炼出具有价值的新闻，这种发现具有新闻价值的活动就是发现新闻的线索，也就是我们所说的新闻发现。

二、新闻发现是一种创造性思维

从新闻工作的分工上来看，新闻发现是有区别的。从记者方面来看，他们需要从现实生活中所发生的大量事实中筛选出具有新闻价值的信息，然后再选定进行写作的对象。那么，记者所要做的工作的第一步就是了解存在的各种事实，然后通过采访来发现新闻价值，从而为新闻做准备。而从新闻编辑的特点来看，他们面对的是由新闻记者等人发来的一大堆稿子，这些稿子基本上都经过了新闻记者等人的初步加工，体现了他们对新闻价值的发现成果。但新闻记者有时由于身处其中，在写作过程中难免会带有主观色彩，这就需要新闻编辑从客观的角度对稿子进行筛选，从更高的方面考虑问题，从而选择其中更具有新闻价值的稿件。但无论是新闻记者还是新闻编辑，他们的新闻发现都是一种创造性的思维，都与思维这一劳动过程紧密相连。

创造性思维要求新闻编辑和新闻记者拓宽视野，从多种角度和侧面透视事物，从中发现有价值的新闻。

三、新闻发现能力是最基本的新闻素质

写什么和怎么写是新闻报道需要解决的两个问题。写什么的问题就是新闻发现的问题，怎么写的问题是新闻表现的问题。确定写什么是新闻报道最关键的一步，所以说，具有新闻发现能力是新闻记者和新闻编辑最重要的职业素质，也是衡量一个人能否当好新闻记者和新闻编辑的重要标准。

第三节　新闻报道策划选题的确定

一、新闻报道策划概述

（一）新闻报道策划的类型

新闻报道策划是新闻传播主体运用信息传播的各种手段，为广大受众提供最佳新闻信息的一种创造性活动，其主要有以下几种类型（见图3-2）。

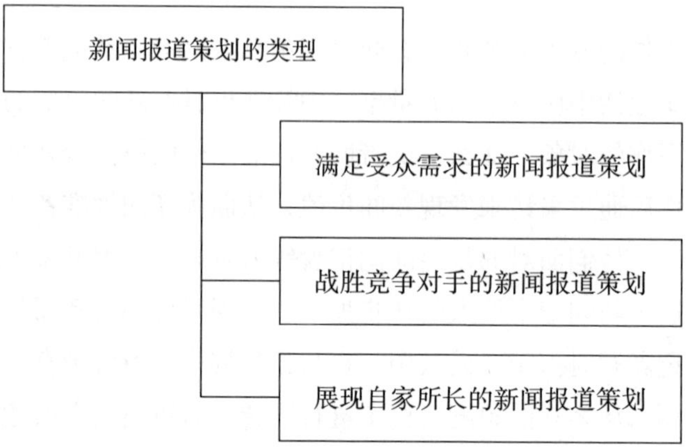

图3-2　新闻报道策划的类型

1.满足受众需求的新闻报道策划

随着社会的不断发展，受众的需求会越来越多种多样，要想满足受众的各种需求，新闻工作者必须不断了解受众，然后认真进行策划。需要注意的是，新闻工作者除了要满足大众的需求外，还应该关注一些小众的需求，如果只讲究一般而不注重特殊的话，那么在未来激烈的市场竞争中是不能脱颖而出的。

2.战胜竞争对手的新闻报道策划

广大的受众是新闻媒体的服务对象，也是决定新闻传媒能否生存与发展的关键所在，新闻报道策划者在进行策划时必须谨记这一点。但是，在新闻报道策划的实践中，很多时候也要考虑竞争对手，因为新闻传媒也是在与其他媒体相比较中生存的。必须考虑竞争对手是如何策划的，如何才能战胜竞争对手，在这一前提下，新闻报道的策划也需要根据竞争对手而进行相应的调整。概括来说，在与竞争对手竞争中，新闻报道策划重点需要从以下几个方面进行努力（见表3–1）。

表3–1　战胜竞争对手的策略

战胜竞争对手的策略	具体阐述
从时间上来说	这里的“新”首先表现在时效性上，一条已经被别人报道过的新闻，即使你花费了非常多的精力在上面，那么其新奇性也比不上最早报道的新闻。所以说，对于新闻从业人员来说，在策划时一定要考虑时间因素，时间因素是重中之重
从内容上来说	一条有价值的新闻不仅体现在时效性上，还体现在带给受众的信息量上。一条信息即使发布得非常早，但如果内容干瘪，也是无法得到受众认可的。所以说，新闻报道中的“新”也表现在内容的新奇性上。新闻工作者不仅要努力在时间上比其他人早，还要使所报道的新闻内容丰富有趣，得到受众的认可
从表现技巧上来说	在与对手的竞争中，新闻工作者不可能总是在时间上取得优势，那么在落后于人的情况下如何后发制人，这是新闻报道策划者需要研究的重要问题。其中，提高表现技巧是可以后发制人的一个重要因素。比如，如果一篇报道已经落后于竞争对手了，那么就考虑能否在报道深度上超过竞争对手，或者运用熟练的表现手法来完成报道

3.展现自家所长的新闻报道策划

各种媒体都是在相互竞争中成长壮大的，于是，各种媒体之间进行相互学习是少不了的，但与此同时，也不要忘记了自己的长处，有时扬己之长也是新闻报道策划可以制胜的关键。

（二）新闻报道策划的积极作用

新闻报道策划的积极作用主要体现在以下几个方面（见图3–3）。

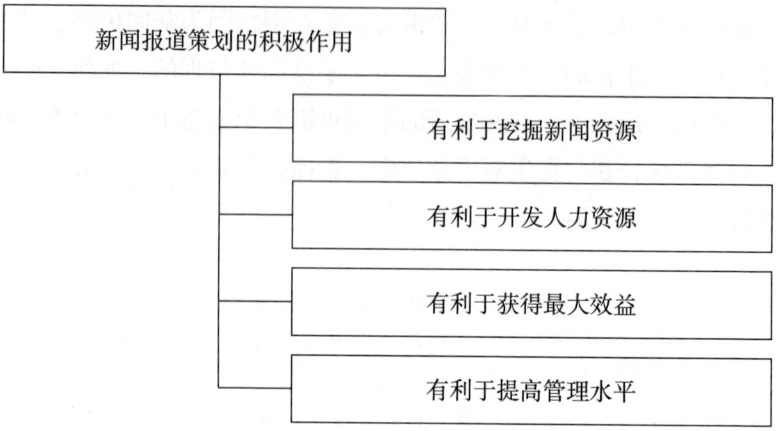

图3-3　新闻报道策划的积极作用

1.有利于挖掘新闻资源

新闻报道策划通常是由集体来完成的，是集体智慧的结晶，通过对各种信息的收集和讨论，策划集体能够在众多的新闻中发现最有价值的新闻报道，有利于挖掘新闻价值。

2.有利于开发人力资源

新闻报道策划是一个全方位的策划过程，需要各方人员相互配合来完成，在这种情况下，无论是新闻报道策划的策划者还是实施者，都需要对自己和他人有一个全面的了解，取长补短。所以从这一角度来说，新闻报道策划具有开发人力资源的积极作用。

3.有利于获得最大效益

新闻报道策划的一个积极作用就是可以获得最大的效益。为此，在对重大新闻报道进行策划时，一定要注重报道的时效性和选择报道的制高点，以吸引更多的读者进行阅读。

4.有利于提高管理水平

新闻报道策划是一个全方位的系统工程，面对市场的竞争，要求其做到以下几个方面。

第一，要学习和掌握各种规则，按照规则来处理遇到的问题。

第二，要按照市场规律办事，在实践中提高媒体管理水平。

（三）新闻报道策划的原则

新闻报道策划应遵循一定的原则，概括来说，这些原则主要包括以下几个方面（见图3–4）。

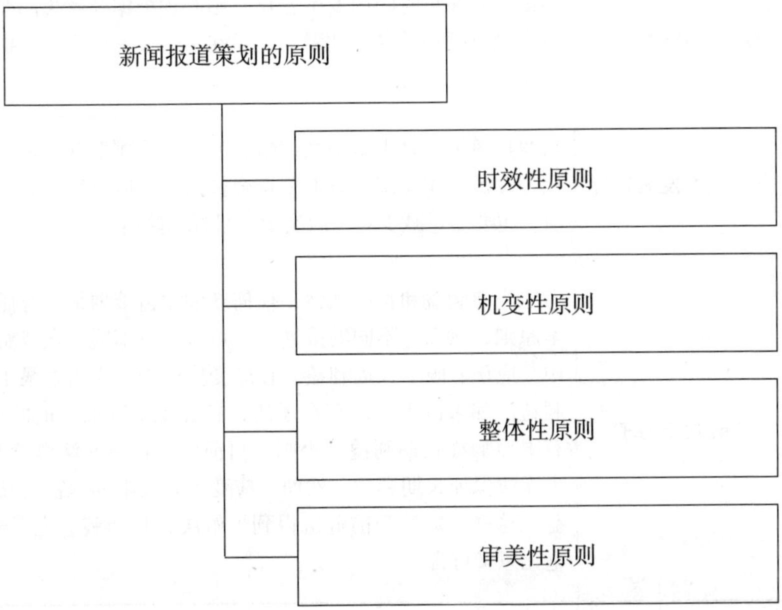

图3–4　新闻报道策划的原则

1.时效性原则

时效性原则要求在策划过程中把握好时机，重视整体效果。把握时机的首要内容就是及时性，要做到及时性，就必须做到以下几个方面。

第一，新闻一旦成立，应及时进行报道，即要做到“快”。

第二，除了快，还要适时。策划者应根据时间调整措施，并有远见地全面、及时地分析计划的利弊。

2.机变性原则

机变性原则就是随机应变原则，是指在新闻报道策划进行的过程中要根据现实需要不断进行调整，以满足受众的需求。概括来说，要遵循新闻报道策划的机变性原则应做到以下几个方面（见表3–2）。

表3-2　遵循新闻报道策划的机变性原则的策略

遵循新闻报道策划的机变性原则的策略	具体阐述
要讲究科学	如果计划在短时间内发生变化，则必须根据要解决问题的性质来确定行动的最后期限，然后在不会失去机会的前提下尽可能科学地作出决定
要符合长远的发展目标	新闻报道策划是由多个系统组成的，无论哪个部分发生了变化，在进行相应调整时都要符合长远的发展目标，如有偏离时，也要尽量减少对今后实现原目标的障碍
要以当前利益为主	考虑当前利益和长期利益是任何新闻报道策划都应遵循的基本原则，然而，不同的策划侧重点也有所不同。在战略规划中，应该着眼于长远利益，在应变措施中，应当着眼于当前利益。如果两者之间存在矛盾，首先就要确保目前的利益，有限地牺牲长期利益。否则，目前的工作将无法继续开展，也无法保证长期利益。然而，应变不是无限期地牺牲长期利益。这样，即使当前危机得到了解决，长期利益也损光了，毫无意义可言

3.整体性原则

整体性原则应包括以下三个方面。

第一，在整个新闻报道策划的过程中都要讲究程序性，以保证整体效果得到最大限度的发挥。

第二，要想整体效益好，就必须协调各个单元或者子系统之间的相互配合。

第三，重视群众的力量，调动群众参与的积极性，从而产生最佳的策划方案。

4.审美性原则

实践证明，凡是好的新闻作品都具有极大的审美价值。具体来说，这些美主要包括以下几个方面（见表3-3）。

表3-3　新闻作品中美的体现

新闻作品中美的体现	具体阐述
内容美	在市场经济条件下，各类新闻媒体既要生产出符合受众需要的各类产品，同时也应该承担一定的责任，注意维护伦理道德。因此，在策划新闻选题及具体的内容时，一定要有审美观念，通过对美的歌颂和对丑的批判，使受众从中得到某些启示
情感美	优秀的新闻作品往往震撼读者的心灵，其中蕴含着一种审美愉悦。作者找到了一个在读者心中引起共鸣的一致点，即人们的共同情感
语言美	在当今社会，媒介话语已经成为我们所生活的符号环境的主流。媒介语言搭建起来的“大山”充满了诱惑，媒介一定要懂得创造，以保持新闻作品具有长久的魅力

二、新闻报道策划的选题标准

新闻报道策划的选题就像文章的标题一样重要。有了好的选题，新闻报道就有了方向，也就有了价值。对于新闻报道策划来说，不管是什么类型，总有一些需要遵循的取舍标准。这些标准是新闻报道策划选题时也必须遵循的。概括来说，这些标准主要包括以下几个方面（见图3-5）。

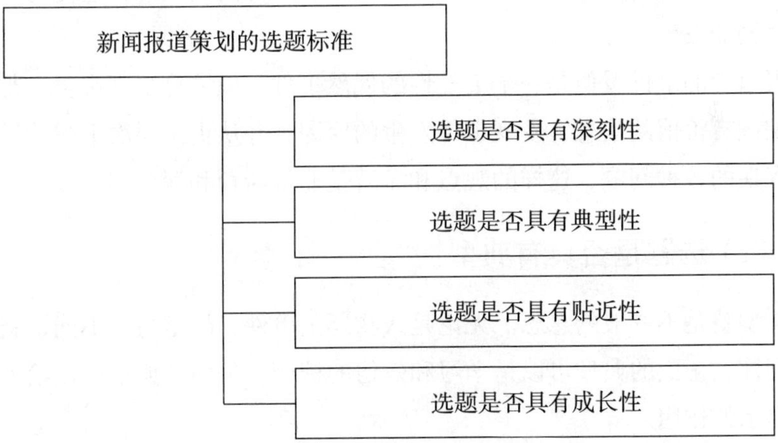

图3-5　新闻报道策划的选题标准

（一）选题是否具有深刻性

如果主题的观点能够解释事物的性质或规律，那么就说明这个主题是深刻的。新闻报道规划的主题应该是深刻的。在规划报告时，不仅要收集信息和知识，还要用思想的火花照亮规划。只有这样，新闻报道策划的选题才能更有针对性，从而更好地引导舆论。

2004年，一场暴雨过后，位于河北省石家庄市裕华路与体育大街交叉口处的一棵大树突然倒下，砸死了在粮食局上班的22岁的女员工刘晓静。这表面上看纯属一个偶然性事件，如果以此为选题进行报道，似乎很难具有深刻性。然而，当时的《燕赵都市报》却对这件事情进行了深刻报道，非常具有典型意义。《燕赵都市报》首先以《是谁动了大树的根》为题，对大树之所以会倒的原因进行了深刻的分析，报道指出，在大树所在街道的道路施工过程中，煤气、供暖等多种地下管线都进行了重新铺设，在铺设的过程中，由于大树的根系对其产生了影响，所以为了不影响施工，工人对大树的根系进行了破坏，报道中也指出，林业方面的有关专家也认为，大树的根系被破坏是导致其倒下的直接原因。报道中还对城市规划和城市管理中存在的问题进行了深刻剖析。之后，《燕赵都市报》又对该事件进行了跟踪报道，先后发出了《晓静之母诉讼索赔38万》《晓静之死算不算工伤》《悲伤母亲质疑自然灾害说》等后续报道。特别需要指出的是，该报还派出记者对石家庄可能会出现类似事故的大树进行了报道，以此引起有关部门的注意，避免与刘晓静类似悲剧的发生。

报道中的事件看似是一个突发性的偶然事件，但《燕赵都市报》却能够从中挖掘有价值的信息，发现事件发生的原因，并从更深层次上揭示城市管理中存在的各种问题，这样的观点和见解是非常新颖和深刻的。

（二）选题是否具有典型性

典型就是不一般的意思。无论是人物还是事件，越是与众不同，就越具有典型性。正面的典型可以是学习和效仿的榜样，负面的典型可以给人以警醒和启示的作用。

（三）选题是否具有贴近性

新闻报道的选题有没有价值以及价值的大小，在一定程度上取决于其是否具有贴近性。即使是党委、政府的重大部署所进行的报道选题，也应从群众的视角出发，只有群众能够接受的新闻报道才是好的报道，才能激发起群众行动的欲望。所以说，新闻报道策划的选题一定要具有贴近性。

（四）选题是否具有成长性

选题的成长性主要取决于事实的成长性，而事实的成长性主要表现在两个方面。

第一，表现在事实本身的发展变化。

第二，表现在事实对其他事物的影响也在发生变化。

有些事实，只需要一篇报道就可以说清楚。但有一些事实，经常处于发展变化之中，所以需要进行跟踪报道。之所以会出现这些情况，取决于选题的成长空间。所以说，选题是否具有成长性也是新闻报道策划的重要选题标准。

三、新闻报道策划的选题确定

在选题策划时，先由媒体策划相关人员进行民主讨论、修改，最终由社长、总编辑或主管副总编或报社编委会集体拍板，对新闻报道策划的选题进行确定，只有确定之后才可以付诸实施。

（一）集思广益

新闻报道策划的选题无论是谁提出来的，在最终确定之前都要讨论，从各个方面论证选题是否可行。在这个讨论的过程中，需要集思广益，这样既能使原来的选题得到完善，又能激发出新的报道选题。

在新闻报道策划选题进行集思广益讨论的过程中，必须正确对待不同的意见甚至是反对意见。有时，在讨论的过程中还有可能发生争执，对此，策划人员一定要耐得住性子，不要随便否定讨论中任何一方的观点，也就是不要轻易下结论。正确的做法应该是将出现争议的问题暂时放下，给参与讨论的人员冷静的空间，之后再进行讨论。或者是兼收并蓄，在吸纳各方意见的基础上进行一定的修改，最终拿出一个可行的意见或者方案出来。

（二）科学决策

随着社会的不断发展，民主决策和科学决策的观念不断深入人心，“拍脑袋”式的决策已经不适应当今社会的决策要求了。为此，应在广泛发挥民主的基础上再由媒体的主要负责人仔细权衡，科学决策。

第四节　新闻报道的方案设计

一、新闻报道策划方案的基本框架

新闻报道策划方案的基本框架主要包括以下几个方面（见图3–6）。

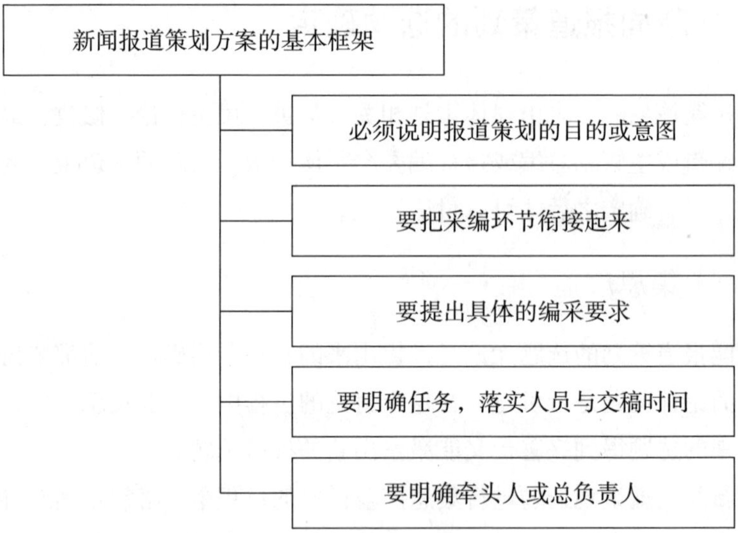

图3–6　新闻报道策划方案的基本框架

（一）新闻报道策划方案必须说明报道策划的目的或意图

在新闻报道策划方案中，一定要用简明扼要的文字对新闻报道策划的目的或者意图说清楚。因为毕竟只有少数人参与策划，后期实施策划方案的人如果不了解最初策划的目的或者意图，就无法保证策划方案的顺利实施。另外，将新闻报道策划方案的目的或者意图阐释清楚也有利于策划者在申述策划的动机时可以赢得更多的认同。

（二）新闻报道策划方案要把采编环节衔接起来

在新闻报道策划方案中，还应该将采编环节衔接起来。通常来说，一般的新闻报道是否刊登以及刊登在哪个位置都是由编辑部来决定的。对于重要的新闻一般都安排在头版或者二版，属于其他类型的则归于特定的版面中刊发。也就是说，在新闻报道中，采与编的工作是相分离的，记者虽然采写了稿件，但是无权决定能否刊发以及刊发的位置，新闻编辑可以决定稿件的命运，这样，记者与新闻编辑之间就经常出现矛盾，即对于没有刊发的稿件或者刊发的版面不醒目等问题，记者经常抱怨新闻编辑水平不行，不识货；而新闻编辑也常常抱怨新闻记者不能理解自己的工作。

新闻报道的策划则不同，从最初的选题到最终方案的确定，都是采编人员共同商议决定的，是集思广益的成果，是编辑部必须遵循的决策。因此，在新闻报道的策划方案中应该简明扼要地将稿件刊发的条文明确规定下来，这有利于记者根据要求去采写稿件，编辑也可以根据策划方案规定的要求去审稿，这样，采与编人员便能够在一定程度上达成共识，减少矛盾的发生。

需要指出的是，对于一些重大的、需要多版面的新闻报道，因为在策划时无法规定具体的内容，所以可以随着报道的展开而进行相应的调整。因此，在进行新闻报道策划时不应把规定定得太细，只要进行一个大致的安排就可以了，以免后期出现不必要的麻烦。

（三）新闻报道策划方案要提出具体的编采要求

为了防止随心所欲情况的出现，保证各个方面的有序运转，新闻报道策划方案必须对采编提出明确的要求和标准。在实际工作中，采编人员虽然可以根据实际情况进行相应的调整，但必须是在遵循方案中标准的基础上进行的调整。

（四）新闻报道策划方案要明确任务，落实人员与交稿时间

无论是哪种策划方案，最终都需要人来实施。要想真正落实好新闻报道策划中的各项工作，就必须明确各项任务。只有每项任务都明确了，大家才能各司其职，劲儿往一处使。

对人员进行合理配置是制作策划方案中的重要一环，在比较重要的报道策划中，往往要动用非常多的人员参加。在这些人中有年纪比较大的、经验比较丰富的，同时也有年纪轻、缺乏经验的；有思想敏锐、作风泼辣的，也有沉着冷静、作风保守的等。对此，在进行人员的组合时，一定要统筹考虑，使其优势互补，能够最大限度地发挥人员的主观能动性。

对于交稿时间，必须得定死，因为新闻报道策划是一环扣一环的，如果在一个环节上耽误了时间，那么对后面的环节都会造成影响，从而影响策划报道的全局。

（五）新闻报道策划方案要明确牵头人或总负责人

整个报道策划的牵头人或总负责人一定要明确，并以文字形式固定下来。否则，对于一件事情谁都有资格插手，那么结果就是什么事情都做不成。通常来说，一些特别重大的新闻报道的策划由总编辑负全部责任，但也有谁策划谁负责的情况。只有权、责、利统一才能使牵头人或者总负责人放开手脚，敢抓敢管，也才能真正将新闻报道方案落实好。

二、新闻报道策划方案的制定步骤

为了能够准确地反映行文报道策划的思想，在制定新闻报道策划方案时应该集思广益。

在起草新闻报道策划方案时可以根据新闻报道策划方案的基本框架进行撰写。在撰写之前，一定要明确方案的目标与意义，对于新闻报道策划方案中可能会出现的一些问题一定要做到心中有数。只有这样，策划出的方案才

具有可行性。

由于新闻报道策划方案里的内容不能过长，所以规定不可能写得太细，对于一些意犹未尽的内容，可以在策划的方案中去详谈，或者以口头的形式与新闻策划执行者面谈。

有时，在制定新闻报道策划方案时还需要制定一份备用方案，如果前面的方案被否决了，那么备用方案就会派上用场。在制定新闻报道策划方案的预备方案时，策划的报道角度与方法等应与前面的方案有所不同。

新闻报道策划方案在制定好了之后，就要交给有关人员进行讨论，策划人现在要做的就是说明自己的策划意图和最终要取得的效果等。接下来就是听取各方面人士的意见。需要注意的是，在听取意见时，策划人一定要虚心，不能遇到与自己意见相反的情况就暴跳如雷。

在征求了意见之后，策划者就要对这些意见进行梳理，有的甚至可以直接吸纳到新闻报道策划方案中。

第五节　组织新闻报道策划

一、机构设置与力量配置

新闻报道策划的组织管理是新闻报道策划能否取得成功的重要因素。为了保证新闻报道策划的顺利进行，媒介既要有常设的策划机构，同时也应该根据实际需求而临时设置组织机构。

新闻报道选题的丰富性决定了新闻报道策划组织也具有多样性的特点。为了使新闻报道具有创新性，新闻报道策划的组织在结构设置和力量配置方面也应该具有创新性。例如，《新华日报》为了弥补记者分工明确，模糊版块新闻频漏的缺陷而成立了虚拟新闻策划中心，策划中心的主任由各部主任轮流担任，为期一个月，在这段时间内，中心主任有权全方位、跨部门地组织新闻报道，并且可以动用各部门的资源来进行。实践证明，这种创新制度突破了种种限制，使新闻策划水平有所提升。

新闻报道的组织结构往往是为了实现短期的报道目标而设立的临时组织机构，因此，这类机构宜简不宜繁，组织层次也不应该过多，以免影响决策的效率。同时，在建立这种组织结构之前，就应该对所需要的相关工作人员以及发稿平台等进行周密的考虑，以保证新闻报道策划的顺利进行。

二、接受反馈与调整报道

（一）接受反馈

由于报道方案的制定要早于新闻事实的发展过程，具有一定的超前性，所以，策划者在根据报道策划方案实施的过程中，常常会出现一些没有预料到的情况。此时，策划者就必须根据实际情况对方案进行相应的调整，而调整的基础就是要全面了解反馈信息，从而做出正确的行动。概括来说，策划者需要接受来自以下几个方面的反馈（见表3–4）。

表3–4 策划者需要接受的反馈

策划者需要接受的反馈	具体阐述
报道者的反馈	记者、通讯员等是采写的主力军，他们身处报道的第一线，对实际情况了解得最多，能够第一时间感知到报道能否顺利进行，所以，报道的组织者一定要充分调动报道者的主动性和创造性，注意接受来自他们的反馈
报道对象的反馈	报道对象是报道的当事人，他们能否积极地配合报道是报道能否顺利进行的重要一环。在现实生活中，因报道对象的要求而对报道进行调整的情况时有发生，所以，报道的组织者一定要注意及时了解报道对象的反馈
受众的反馈	受众的反应直接反映了报道是否成功，如果报道在进行的过程中没有引起受众的注意，受众对其毫不关心，那么就说明这篇报道毫无价值可言，反之，则说明报道具有较大价值。所以，报道的组织者一定要及时了解受众的反馈，根据受众的反馈情况及时对报道进行调整，以保证报道的顺利进行

（二）调整报道

调整报道主要包括以下几个方面（见表3-5）。

表3-5　调整报道的方法

调整报道的方法	具体阐述
调整报道思路	调整报道思路是对报道方案进行的最大调整，这种调整基本上不采用，除非是遇到了无法抗拒的阻力等特殊情况。因为这种调整是对原来方案的彻底否定
调整报道内容	报道内容的调整是指在原有报道思路不变的情况下，对报道内容进行压缩或增加
调整报道规模	报道的规模随着报道内容的调整而调整，通过延长或压缩报告时间、增加或减少报道长度等方式进行调整
调整报道力量	通过调整报道的范围和内容来进行，这意味着改变了原有的人员配置和财务实力，以形成新的报道机制
调整报道形式	通过调整报道的思想和内容而进行的调整，这意味着要改变报道的组织结构以取得良好的结果。在实际应用中，可以组合使用不同的报道形式，并且可以在报道过程中定制报道形式，或从原来的方式更改为新的方式，也可以从一种报道方法更改为多种报道方法
调整编辑态度	由于报道对象的变化，结果导致编辑的态度发生了变化，要么是从高调调整到了低调，要么是从低调调整到了高调。所谓高调，是指在报道中，编辑的态度鲜明，感情强烈；所谓低调，是指编辑在报道中态度不鲜明，感情不外露

第六节　新闻报道策划的效果评价

取得较好的传播效果是新闻报道策划的出发点和落脚点。然而，动机与效果有时并不是完全统一的，“事与愿违”的事情也时有发生。有的新闻报道策划在播出之后，并没有取得原来设想的强烈反响；有的只是取得了极少数人的关注，产生的影响非常小；有的甚至出现了负面的影响，在一定程度上甚至对舆论造成了误导。失败的新闻报道策划也会对策划者的积极性造成极大的打击。所以说，深入研究新闻报道策划的效果评价具有积极意义。

一、新闻报道策划效果评价的主体因素

新闻报道策划效果评价的主体因素是指能够对新闻报道策划做出评价的人。概括来说，新闻报道策划效果评价的主体因素包括以下几个方面（见图3–7）。

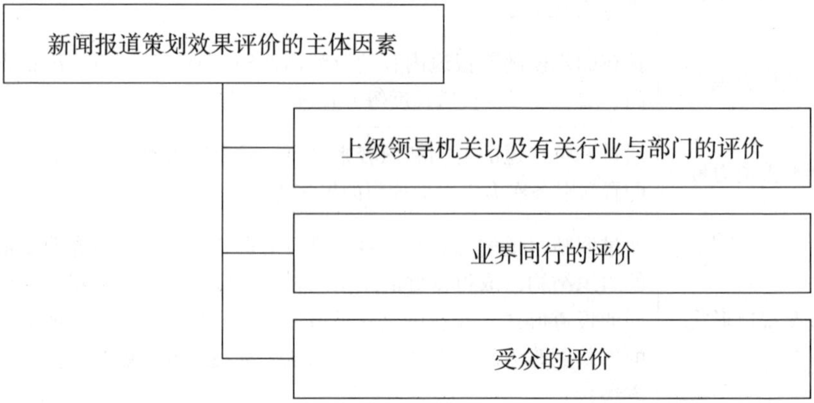

图3–7　新闻报道策划效果评价的主体因素

（一）上级领导机关以及有关行业与部门的评价

在网络信息时代，网络成为了解民众情况的重要窗口。当领导干部从网络媒体或者其他媒体渠道获得了真实的，而且自己并没有掌握的新情况时，便会及时对其进行批示，要求有关部门进行调查了解并且及时解决问题。对于媒体来说，领导干部的这种批示非常珍贵，这说明新闻报道策划抓住了要点，并且报道的问题有望得到快速解决。

概括来说，评价新闻报道策划效果的重要标准主要包括以下几个方面。

1.能否引起领导机关的重视

如果有相关领导对该新闻反映的事件做出了批示，就说明报道具有典型

性和重要性。相关领导在对报道进行了批示之后，会积极推进问题的解决。

2.有关行业和部门的评价

媒体代表着受众对相关行业的舆论监督。尽管有些行业对媒体持有某种抵触的心理，但是当他们存在的问题被曝光之后，迫于舆论压力，他们也会做出表态，表示愿意接受媒体的监督，同时，对于媒体曝光的问题，也会积极地解决。

（二）业界同行的评价

有关业界同行的评价，大多是从专业的角度进行的评价，比如新闻报道策划的选题是否新颖、针对性是否强等。由于业界同行往往具有较高的专业水准，所以他们做出的评价往往比较透彻。

在业界同行的评价中，本媒体内部编采人员的评价是不容忽视的，如果媒体内部的人际关系比较和谐，能够从客观的角度进行评价，那么这种评价一般都是比较中肯的，非常值得重视。在很多媒体的内部，都设有评报栏，在这里，内部人员可以根据自己的观点发表各种评价，或褒或贬，虽然有时不乏偏激的观点，但这些评论是非常有益的，对策划者可以起到启发的作用。

新闻的竞争导致了不同媒体之间相互比较蔚然成风，媒体人经常将自己的报道与其他报道放在一起比较，看看谁更胜一筹，如果在对同一事件的报道上有媒体超过了自己，那么就会产生压力，这种压力会促使媒体人认真研读其他媒体的报道，分析报道的独到之处。

新闻审阅人员以及有关专家学者的效果评价是比较权威的。需要说明的是，新闻审阅人员通常是从政治的以及舆论导向的角度进行把关的，有关专家学者的效果评价虽然也非常重要，但他们的评价往往具有临时性，需要媒体进行组织。这也提醒了新闻媒体策划者，当有某些重要的新闻报道策划出台时，也应及时联系有关专家学者，并认真收集他们的反馈意见。

（三）受众的评价

对于新闻报道策划的效果，受众是最有发言权的，媒体的报道是否真实反映了他们的实际情况，是否真正代表了他们的利益，他们的感受是最真切的。如果新闻报道策划的效果从公众那里得到了较好的反馈，那么公众就会给报道打一个较高的分数，反之则打分较低，这种打分的行为有时是显性的，就是公众可以将自己的意见反馈给媒体或者参与到媒体的新闻报道策划之中，受众的显性评价是媒体策划者最期待的，反映了部分受众的意见和态度。但这种情况是少数的，大多数情况下，这种打分的行为是隐性的，就是以沉默的态度来对待媒体的新闻报道策划行为，受众的隐性评价会令策划者感到失望。受众对新闻报道策划具有隐性反应，其原因是多方面的，其中，报道的内容不是受众所关心的问题是主要原因。这就提醒广大新闻报道策划者，在进行新闻报道策划时一定要从受众的观点出发考虑问题，只有这样，才有可能取得理想的效果。

二、新闻报道策划效果评价的指标

新闻报道策划效果评价的指标主要包括以下几个方面（见图3–8）。

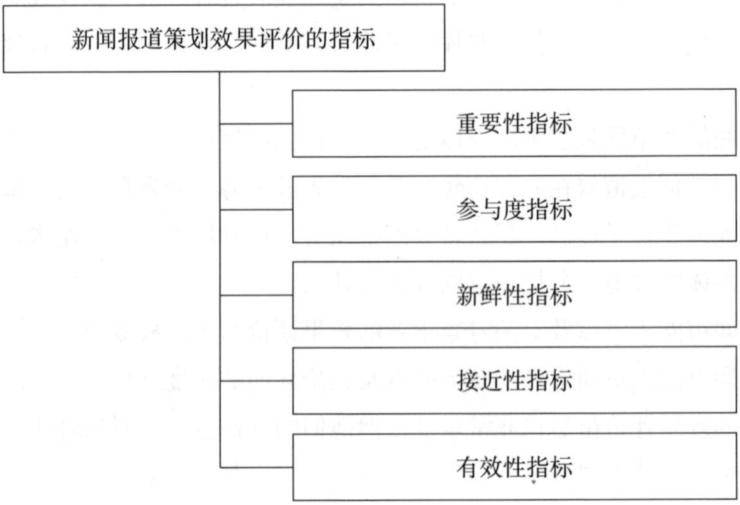

图3–8　新闻报道策划效果评价的指标

（一）重要性指标

重要性指标是对新闻报道策划是否具有重要价值的一种确认，其目的是防止新闻报道策划脱离社会上广泛存在的社会问题而进行一些无关紧要的事情的报道。一篇新闻报道越是接近社会发展中的热点、重点问题，其现实针对性就越强，就越能起到更好的效果，反之则不然。

（二）参与度指标

这里的参与指的是普通受众通过各种方式参与到新闻报道的策划性工作中来。例如，如果报道的主题是扶危济困的，那么受众可以通过捐钱捐物的形式参与其中；如果报道的主题是典型人物和经验的，那么受众可以通过拜师求艺或者在自己的工作中效仿等形式参与其中；如果报道的主题是针对某种现象或者主题来展开，那么受众可以通过发表自己的观点或看法等形式参与其中。总之，无论受众通过何种形式参与其中，都说明了新闻报道策划引起了受众的注意，具有一定的社会影响。收到受众的反馈越多，说明新闻报道策划的效果越好，即使收到了负面的反馈也比悄无声息要好。

（三）新鲜性指标

新鲜性指标主要指的是新闻报道策划是否具有独创性。如果一篇新闻报道策划的内容是其他媒体所没有的，那么其新鲜性就高；如果一篇新闻报道策划的内容虽然不是专有的，但是其报道的形式独树一帜，且生动活泼，能够引起广大受众的注意，那么其新鲜性指标也是相对较高的。

（四）接近性指标

对于地方媒体来说，接近性指标主要考核的是新闻报道与地方受众的关联度，如果影响新闻报道的可读性较差，不能引起受众的兴趣，那么这项新闻报道的接近性指标的分值就比较低，反之则比较高。接近性指标设置的目的就是要求在进行新闻报道策划时要考虑受众的感受，策划越是把握好了受众的需求，就越能够受到受众的喜爱。

（五）有效性指标

这里所说的有效性是指新闻报道所反映的各种问题是否在某种程度上得到了解决。如果说针对某个热点问题所进行的报道引起了相关部门的注意，并且问题得到了有效解决，那么就可以说这个新闻报道策划的有效性指标较高，反之则较低。同样地，如果新闻报道中所倡导的某种价值观等得到了有关部门的赞同，并且予以采纳，那么也说明新闻报道策划的有效性指标较高，新闻报道策划的有效性是以社会的评价为标准进行检验的。

第四章　新闻稿件的组织、选择与修改

新闻稿件的组织就是根据稿件之间的相互关系，使用不同的方法将若干稿件组成稿件群，以达到传播的效果。新闻稿件的来源有很多，在众多的稿件中要选择出适合自己的稿件，需要有一定的依据和方法。在选择好了稿件之后还需要对其进行修改，以使其符合发表的要求。本章即对新闻稿件的组织、选择的依据与方法以及修改的原则与技巧的相关内容进行简要研究。

第一节　新闻稿件的组织

一、新闻稿件组织的类型

（一）同题集中

同题集中指的是将内容相关的稿件放在一个标题下进行发表。这种集中是以稿件具有的相关性为基础的。

1.同题集中的特点

采用同题集中形式进行编发的稿件，每个稿件自身的标题已经不存在了，各个稿件都编排在了一起，看起来就像是一篇稿件一样。这种编排形式的稿件之间存在着密切的联系，在内容上也具有互相补充的作用。另外，采用这种编排形式还由于内容比较完整且所占篇幅较大而具有整体上的优势。

2.同题集中的类型

同题集中的类型主要包括以下几种（见表4–1）。

表4–1　同题集中的类型

类型	具体阐述
联合	联合就是将一些具有共同性的稿件集中在一个大标题下进行发表，旨在强调不同稿件的相同方面
连续	连续就是将对同一事件的不同时期的报道综合到一个标题下进行发表，通过这种发表形式，能够让读者很快就对事件发生的前因后果有一个全面的了解
对比	对比就是将内容相反或者有矛盾的稿件放在同一个标题下发表，由于这些稿件的反差比较大，放在一起发表可以使读者从强烈的对比中得到某些启发。这种发表形式远远比单独发表更能说明问题，所取得的效果也更好
参照	参照就是将一些内容相同，但是消息来源不同的稿件放在一个标题之下进行发表，通过对稿件之间的比较，读者能够了解不同地区的人对于相同事件的看法或者观点会有所不同，从中可以做出自己有价值的判断
相关	相关是指稿件的主题或者内容虽然有所不同，但内部却存在着某种联系。如将存在因果关系的稿件放在一起进行发表、将具有呼应关系的稿件放在同一个标题下发表等

3.同题集中的作用

同题集中的作用主要表现在以下几个方面（见图4–1）。

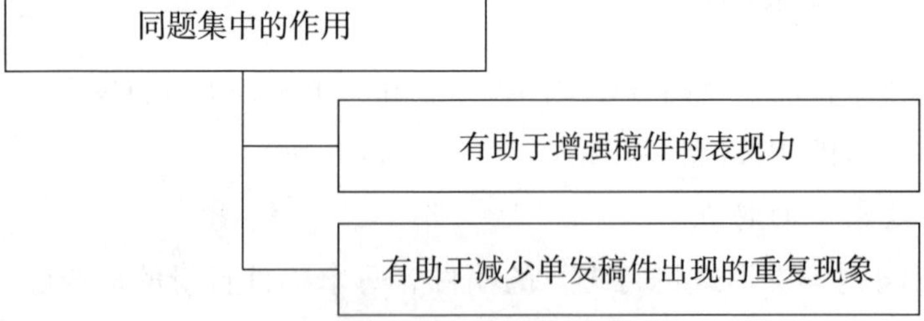

图4–1　同题集中的作用

（1）有助于增强稿件的表现力

同题集中之后的稿件是从不同的角度集中表现一个主题的，通过对这些稿件的阅读，读者可以对稿件之间的关系有清晰的了解，从中能够得到较多的启示。

（2）有助于减少单发稿件出现的重复现象

同题集中的稿件主题大致一致，如果都单发稿件，那么势必会出现大量重复的现象，不仅会使版面混乱，也容易引起读者的反感。

4.同题集中的不足

虽然同题集中具有一些重要的作用，但也存在明显的不足，主要包括以下几个方面。

第一，同题集中的编排方法虽然其标题会照顾到各个稿件，但是不可能兼顾，总会突出比较重要的稿件，而一些相对来说比较次要的但仍属于较重要的稿件经常会被淹没。所以说，如果稿件中存在两篇或者更多比较重要的稿件时，就不应该采用同题集中的方式，而应该单独发表。

第二，虽然同题集中的稿件具有整体优势，但由于所占篇幅大且标题少，所以整个内容有时会看起来呆板和臃肿。

（二）集纳专栏

集纳专栏是指将若干篇稿件集中起来形成的自成格局的局部版面，一般都会有一个总的题目，并且用特定的符号与其他的部分分隔开来。

1.集纳专栏的优点

集纳专栏的优点主要包括以下几个方面（见图4–2）。

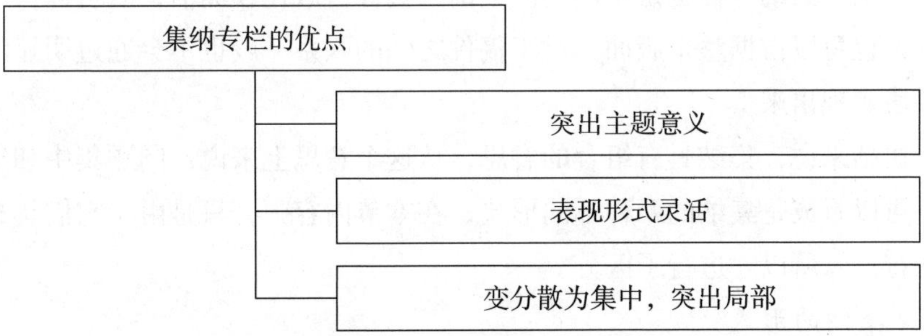

图4–2　集纳专栏的优点

（1）突出主题意义

集纳专栏的内容是由具有共同性的稿件组合在一起的，专栏中的稿件虽然每一篇都比较短小，但可以从不同的角度侧重某些方面提出不同的问题，能够更具有深度和广度，从而更突出主题意义。

（2）表现形式灵活

专栏中的稿件之所以能够集中在一起，就是因为它们能够服务于同一个主题，可以使用不同的题材以及不同的风格来表现主题，所以说，表现形式灵活是集纳专栏的一个显著特点。

（3）变分散为集中，突出局部

专栏是一种自成格局的局部版面，适当地对专栏进行组构有利于增加版面的美感，同时也由于其能够自成格局而具有特殊性，能够极大地吸引读者的目光。

2.集纳专栏的不足

虽然集纳专栏具有显著的优点，但其也存在明显的不足，如重要的稿件不能得到突出、由于需要等待稿件凑齐而影响了新闻的时效性等。

（三）集纳

1.集纳的概念

集纳是将一些有关联的稿件集中在一起进行发表，各篇稿件之间相互映衬和补充，目的是便于读者阅读，并且取得较好的传播效果。

集纳与同题集中是不同的，集纳中的稿件通常具有自己的标题，有时会设有总的标题，也可以不设，集纳中的稿件是非连续性的。

集纳与集纳专栏也是不同的。集纳的稿件占版比较灵活，既可以占局部版面，也可以占据整个版面，对于稿件之间的联系一般也不会通过明显的编排手段表现出来。

概括来说，集纳具有组合的意思，从这个意思上来说，同题集中和集纳专栏可以看成是集纳的两种不同形式，在本节内容中，只是由于它们具有不同的特点，所以才进行了区分。

2.集纳的形式

（1）将同一个新闻事件以及从不同的角度对同一性质的事件进行报道的

新闻集中起来。这样编排的重点是有利于读者对整个新闻事件进行了解，能够更好地突出主题。

（2）将一些形式相近的短消息集纳在一起，这些短信息由于比较短小，如果将其全部单独排在版面上会显得比较杂乱，但如果将其集纳在一起，就可以使版面看起来整齐，同时读者也可以了解到更多的信息。

二、新闻稿件组织的工作程序

新闻稿件组织的工作程序，大致可以分为选题、选人和协调三个步骤。

（一）选题

选题即确定“写什么”的问题。选题应遵循以下原则（见图4–3）。

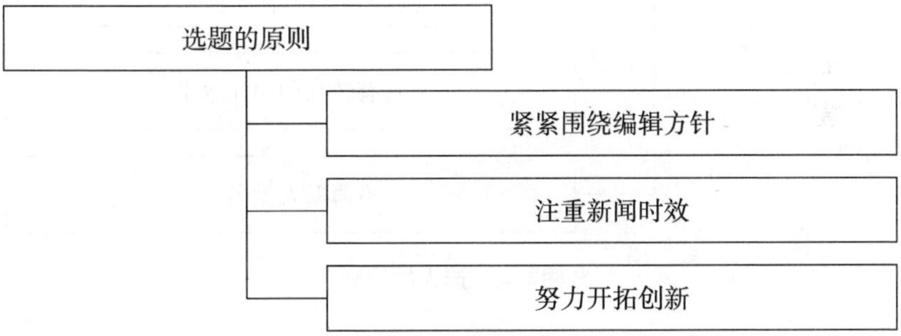

图4–3　选题的原则

1.紧紧围绕编辑方针

每个新闻媒体都有自己的编辑方针，所以在确定选题的时候一定要紧紧围绕编辑方针进行，如果脱离了编辑方针，无论选题多么出色，都是毫无意义的。

2.注重新闻时效

作为新闻来说，时效性是非常重要的一个特点，如果失去了时效性，别人都已经报道好久了，那么再好的新闻也是垃圾。所以，在选题时一定要注重新闻的时效性，与自发的投稿不同，组织稿件还多了一个选人的环节，这更加要求选题注重时效，以免失去新闻的价值。

3.努力开拓创新

作为编辑人员，有责任发现一些没有被报道但是有价值的素材，并且从全新的角度对其进行报道，所以说，在选题时，还应遵循努力开拓创新的原则。

（二）选人

在确定了“写什么”的问题之后，下一步就是选择合适的人来写了。这是新闻稿件组织工作的中心环节，因为即使有非常好的选题，如果没有具有真才实学的人来写，那么前期所进行的所有工作都将功亏一篑。具体来说，在选人时应遵循以下几个原则（见图4–4）。

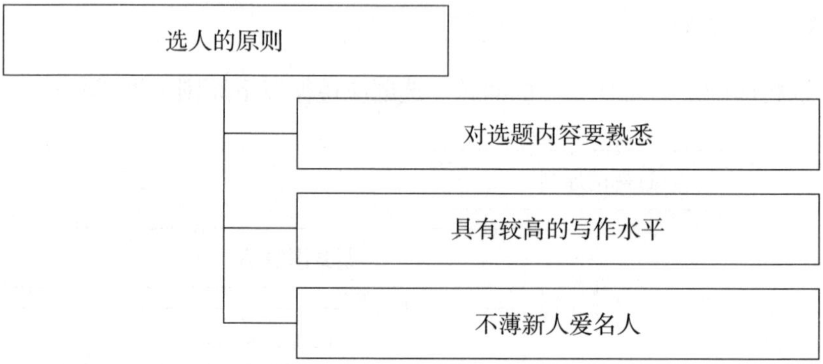

图4–4　选人的原则

1.对选题内容要熟悉

我们都知道，一个突发性的事件，由目击者来写和由非目击者来写，其效果是非常不同的。同样的道理，在确定了选题之后，应该选取对该选题比较熟悉的人来写，这样才有可能从更深入的角度挖掘新闻本身的价值，使其更具有社会影响力。

2.具有较高的写作水平

一个突发性的事件，由目击者来描述肯定会令更多人信服，但如果目击者的写作水平有限，那么编辑也只能根据其描述请人代笔来写作。所以说，具有较高的写作水平也是选人时应该遵循的一个重要原则。

3.不薄新人爱名人

通常来说，作者的知名度如果较高，那么其作品就比较容易受到关注，这在一定程度上能够保证稿件的质量，对媒体的知名度也会有一定的影响。但一定不可以完全为这种思想所左右。因为名人作者有时时间不充裕，对于稿件可能会出现敷衍的现象。而新人由于刚开始工作，态度会比较认真，也常常能从不同的角度发现不同的问题，给版面注入新鲜的血液。

（三）协调

组织稿件的过程是互动的，在选好作者之后，编辑还要定期和作者进行沟通，了解稿件的进度以及需要解决的各种问题。作者在写作过程中也需要不断提供给编辑反馈意见，从而保证稿件能够顺利完成。

从编辑的角度讲，协调应该包括以下几个方面内容。

第一，让作者了解本次组稿的意图和目的。

第二，让作者了解本媒体的风格与特色。

第三，及时与作者沟通，解决写作过程中出现的各种问题。

第四，让作者了解稿件的具体篇幅要求和交稿的时间。

三、新闻稿件组织的行为特征

新闻稿件组织的行为特征主要包括以下几个方面（见图4–5）。

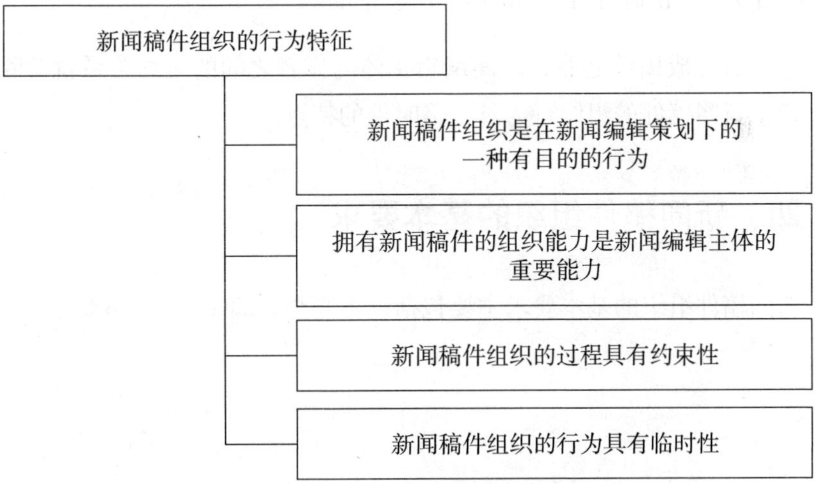

图4–5　新闻稿件组织的行为特征

（一）新闻稿件组织是在新闻编辑策划下的一种有目的的行为

为了实现新闻编辑方针，新闻编辑主体会根据主观的思路来策划一些新闻方案，一旦所需要的稿件还没有出现时，就会出现要求组织新闻稿件的行为，以保证整个策划方案的顺利进行。所以说，新闻稿件的组织是在新闻编辑策划下的一种有目的的行为。

（二）拥有新闻稿件的组织能力是新闻编辑主体的重要能力

凡是从事新闻编辑的工作人员都肩负着组织新闻稿件的重要职责，一个不会或者不善于组织新闻稿件的新闻编辑人员是不合格的，随着新闻编辑策划理念的不断强化，新闻稿件的组织能力将显得越来越重要。所以说，拥有新闻稿件的组织能力是新闻编辑主体所应具有的重要能力。

（三）新闻稿件组织的过程具有约束性

新闻稿件组织的过程是具有约束性的，新闻编辑与作者之间一定要对稿件的意图、风格、形式以及稿件完成的时间等形成一致的意见，这种意见是通过契约的形式进行规范的。所以说，新闻稿件组织的过程具有约束性的特点。

（四）新闻稿件组织的行为具有临时性

在作者完成稿件之后，新闻编辑主体与作者之间的契约关系就解除了，所以说，新闻稿件的组织行为具有临时性的特点。

四、新闻稿件组织的基本要求

新闻稿件组织的基本要求主要包括以下几个方面（见图4–6）。

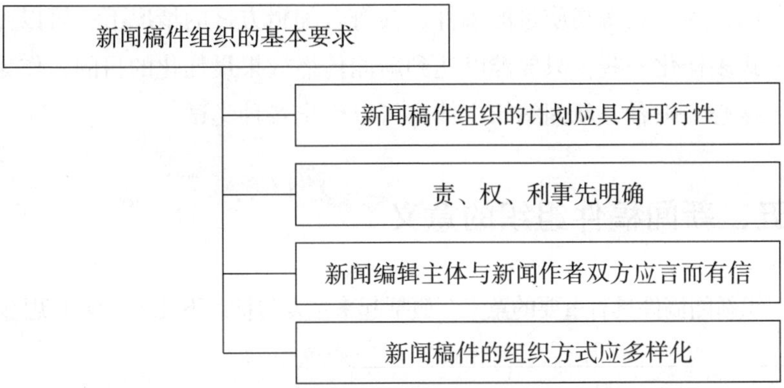

图4-6　新闻稿件组织的基本要求

（一）新闻稿件组织的计划应具有可行性

这里所说的可行性是指计划对于新闻编辑主体而言是遵循编辑方针的，是符合新闻编辑策划要求的。对于作者来说，新闻稿件组织的计划是在他们能够完成的范围之内的，操作起来不会有大的困难的。

（二）责、权、利事先明确

前面已经说过，新闻编辑主体与作者之间存在着一种临时的契约关系，既然是契约关系，那么就必须责、权、利事先明确，这是一种有效的约束机制，只有明确了，才不会出现扯皮的现象，也才能保证稿件的顺利完成。需要指出的是，新闻编辑主体在这种契约关系中必须占有主动权。

（三）新闻编辑主体与新闻作者双方应言而有信

新闻编辑主体与新闻作者双方既然事先对组稿的相关事宜有了约定，那么双方就应该言而有信，严格按照约定的要求完成相关事宜，如果出现特殊情况也应及时沟通，唯有如此，才能给对方踏实的感觉，也才能保证合作的顺利进行。

（四）新闻稿件的组织方式应多样化

组织新闻稿件的目的就是获得高质量的稿件，从而满足计划刊播的要求，所以，为了获得高质量的稿件，在符合编辑方针的情况下，可以允许组稿的方式多样化一些，只要能够达到新闻传播效果最佳化的目的，作为组稿工作的核心实施者，新闻编辑主体都可以作出各种尝试。

五、新闻稿件组织的意义

组织新闻稿件具有重要的意义，概括起来主要包括以下几个方面（见图4–7）。

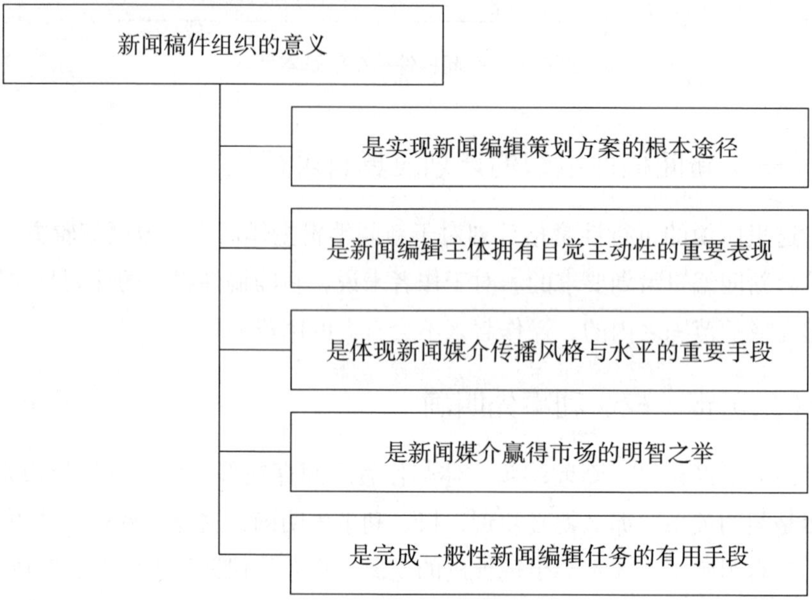

图4–7　新闻稿件组织的意义

（一）是实现新闻编辑策划方案的根本途径

新闻编辑策划的目的性非常强，要想实现这种目的，就必须通过高质量的稿件来完成，所以，组稿成为必然。组稿也就成为实现新闻编辑策划方案的根本途径。

（二）是新闻编辑主体拥有自觉主动性的重要表现

新闻编辑主体要想更好地开展好本职工作，就必须注重策划和创意，就要主动地寻找合适的作者进行组稿，这是新闻编辑主体拥有自觉主动性的重要表现。

（三）是体现新闻媒介传播风格与水平的重要手段

新闻媒介的传播风格是可以通过其一贯采用的稿件来体现的，同时，为了保证新闻稿件的水平，新闻媒介常常通过寻找作者组织稿件的方式获得符合自己传播风格的高水平的稿件。

（四）是新闻媒介赢得市场的明智之举

传播相关的新闻信息以及评论新闻中的人与事，从而引导舆论是新闻媒介的重要功能。通过寻找作者组织新闻稿件，可以使得新闻媒介引导舆论的功能更具有针对性，质量也可以得到更好的保证。在取得了这些效果之后，就可以受到更多受众的关注，从而有利于其更好地赢得市场。

（五）是完成一般性新闻编辑任务的有用手段

新闻媒介的稿件来源通常有自发性稿源和组织性稿源两大类。自发性稿源具有随意性的特点，无论是质量还是时效都难以保证。所以，组织性稿源就显得尤为重要。除了重大的新闻编辑策划中的组稿外，新闻编辑主体在平时的新闻编辑工作中也可以安排组稿，要拥有自己的组稿群体，并且能够和这些人保持长久的联系。这样就可以有效弥补自发性稿源带来的不足，提高组稿的质量，也能成为新闻编辑主体完成其常规性新闻编辑任务的有用手段。

第二节　新闻稿件选择的依据与方法

一、新闻稿件选择的依据

选择新闻稿件的依据主要包括以下几个方面（见图4–8）。

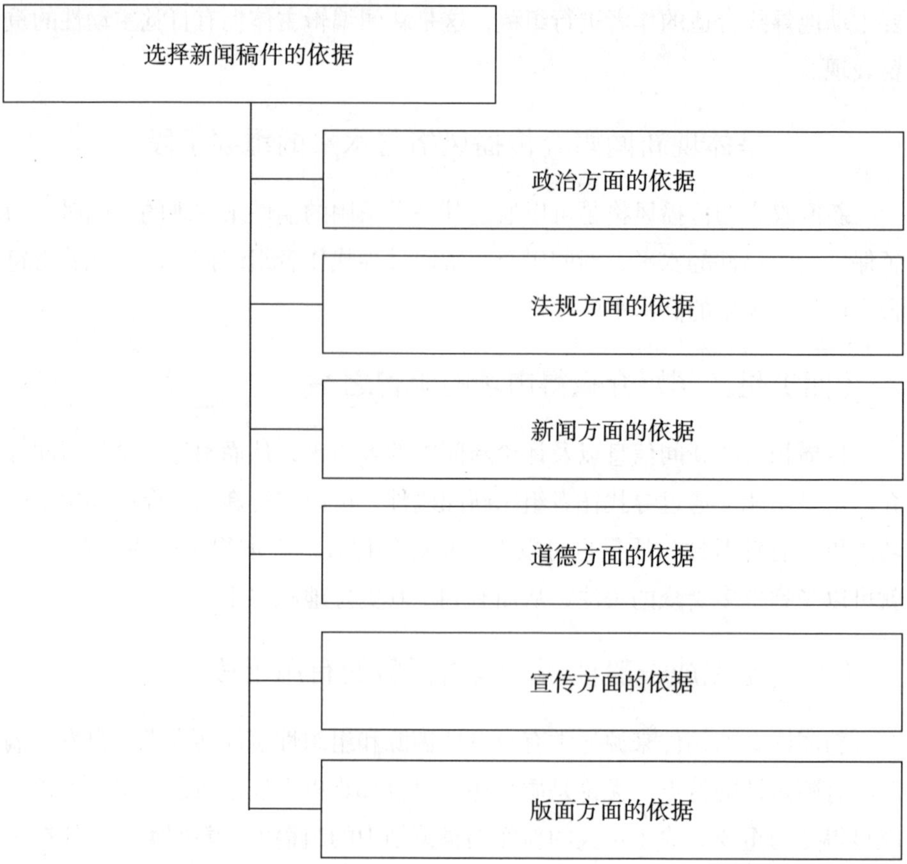

图4-8　选择新闻稿件的依据

（一）政治方面的依据

新闻稿件必须坚持正确的政治方向、舆论导向和价值取向，在选择新闻稿件时一定要提高政治站位，首先从政治方面通盘考虑，稿件一定要符合党的路线、方针、政策。

（二）法规方面的依据

根据宪法、刑法、民法及其他有关法律规定，以下内容是新闻媒介不可以选择的（见表4-2）。

表4-2　选择新闻稿件应该遵循的法规方面的标准

禁止发表的内容	具体内容
危害国家和社会的相关内容	第一，否定中国共产党领导的
	第二，主张分裂祖国和破坏民族团结的
	第三，煽动群众阻止国家法令实施的
	第四，煽动扰乱社会秩序的
	第五，传播淫秽内容的
	第六，传播谣言的
	第七，泄露国家秘密的
	第八，教唆犯罪的
侵犯公民人身权利和民主权利的相关内容	第一，故意使用污言秽语侮辱他人的
	第二，故意捏造事实对他人进行羞辱的
	第三，未经本人同意私自公开他人隐私的

（三）新闻方面的依据

在选择新闻稿件时，也应该从专业的角度考虑，具体来说，应考虑以下几个方面的内容。

第一，要考虑时效性，即新闻的内容要新，新闻稍纵即逝，一定要把握好时效性。

第二，选择的新闻一定要具有重要性。

第三，选择的新闻要具有接近性，无论是地理上的接近还是心理上的接近都可以，越接近越具有价值。

第四，选择的新闻要具有显著性。

第五，选择的新闻要具有趣味性。

（四）道德方面的依据

道德方面的要求主要包括以下几个方面。

第一，要对新闻源进行相应的保护。

第二，对于各种疫情或者灾情不应过分渲染，以免引起读者的恐慌。

第三，不要使受害者或者其他的无辜者因为报道而受到伤害。

第四，对于报社或者个人获取私利的内容不应进行登载。

（五）宣传方面的依据

对于选择新闻时应遵循的宣传方面的要求，权威媒体的资深编辑将其概括为以下几个方面。

第一，要具有正确性。

第二，要具有权威性。

第三，要具有针对性。

第四，要具有新闻性。

第五，要具有适宜性。

（六）版面方面的依据

1.轻重选择

对于不同的稿件，应该分配到哪个版面，既要考虑到稿件的性质，同时也要考虑到稿件的重要性，从而能够合理安排稿件的版面，使读者能够因版面的不同而分清稿件的轻重。

2.缓急选择

由于报纸的字数容量是有限的，不可能将当天所有的来稿全部刊登出来，所以在选择稿件时一定要考虑缓急的问题。

3.协调选择

报纸不管有多少期，也不管版面多或者少，作为新闻媒介人员都应该知道报纸是一个整体，每期、每版的立场、观点等都要一致，对稿件的选择和评价也要大体一致。

二、新闻稿件选择的方法

在日常的工作中，新闻编辑对稿件进行选择的方法主要包括以下几种（见图4-9）。

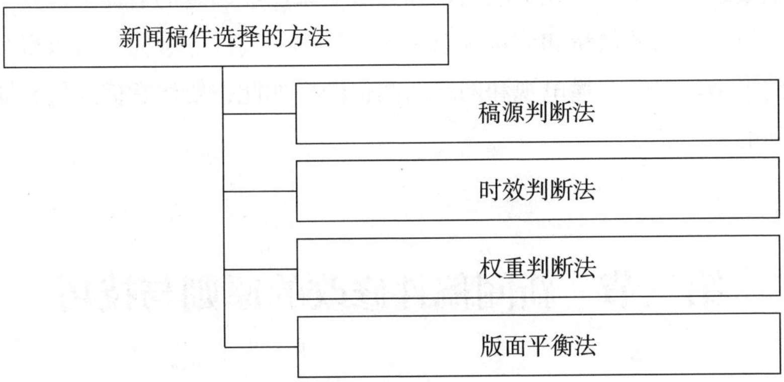

图4-9　新闻稿件选择的方法

（一）稿源判断法

新闻编辑可以根据稿件来源对稿件进行选择，以决定可以用哪些稿件以及怎么用等。通常来说，在众多的稿源中，新闻编辑应该首先选用本媒体记者的稿件，因为本媒体的记者对于所在媒体的编辑方针有深入的了解，所写的稿件大都会符合编辑方针，在质量上也会有一定的保证，能够体现出一定的特色。而对于其他来源的稿件，新闻编辑应根据需要选用。

（二）时效判断法

具有时效性的特征是新闻应该具有的最显著的特征。新闻一旦失去时效，就会变得毫无价值。新闻编辑按照时效性进行稿件的选择，一是对媒体的负责，不至于使媒体处于被动的状态；二是对记者的负责，能够保证记者的工作成果变为成品。

（三）权重判断法

新闻编辑在选择稿件时，也可以根据稿件的权重对其进行排序。对于报纸来说，权重最大的就是头版头条，在确定了头版头条之后，再对其他稿件进行排序，之后再根据版面的位置权重配用其他稿件。

（四）版面平衡法

从报纸方面来说，在头版头条和各版头条已经确定的前提下，新闻编辑就应该根据版面的数量和质量选取一些小篇幅的稿件上版面，以求得数量和质量的平衡。对于广播电视和网络新闻也同样如此，要注意信息量和播报重点之间的平衡。

第三节　新闻稿件修改的原则与技巧

在确定了稿件可以发表之后，新闻编辑就需要对稿件进行相应的修改。虽然不是所有的稿件都需要进行修改，但是对于稿件中新闻事实还需要进行核实和把关，对于新闻的文本内容以及标题也需要根据实际情况进行相应修改，绝对不能因为一个小小的失误而使整个新闻稿件毁于一旦。

一、新闻事实的核实与把关

在核实与把关新闻事实时，应遵循以下几个原则（见图4-10）。

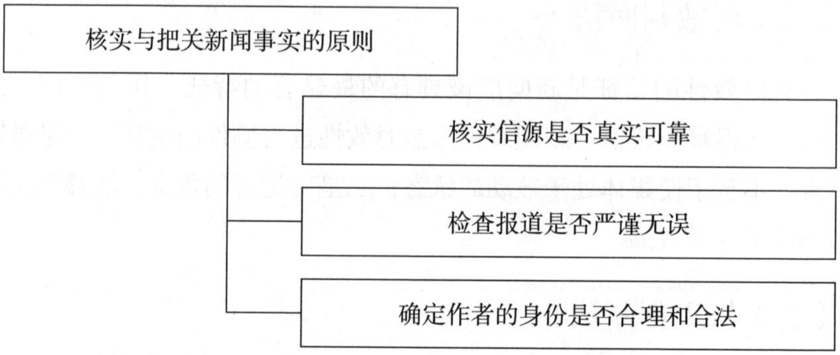

图4-10　核实与把关新闻事实的原则

（一）核实信源是否真实可靠

在新闻报道中，信源具有非常重要的作用，新闻编辑在对稿件进行审阅时一定要核实信源的身份，看其是否真实可靠，审阅其提供的内容是否与其身份相符以及信源是否具有第三方认证等。如果没有特殊情况，所有被采用的信源都应注明出处，如果没有出处，还是删掉比较稳妥。

（二）检查报道是否严谨无误

大到新闻报道中所涉及的新闻素材，小到新闻中提到的地址、人名等，新闻编辑在审阅新闻稿件时必须进行核实。对于稿件中的素材，可以和稿件的提供者反复核对，以保证真实，对于稿件中涉及的数据应该找专业的人士进行核实，对于专业的术语也应该以百科全书等权威资料的解释为准。

（三）确定作者的身份是否合理和合法

通常来说，新闻稿件的来源：一类是新闻机构中的合法新闻工作者，另一类是约稿的作者，对于后者，新闻编辑一定要对作者的身份进行严格考查，即反复确认好该作者是否具有某些专业稿件的写作能力。

二、新闻文本的修改

（一）导语的修改

任何一种新闻体裁，导语都是非常重要的，对于导语部分的修改，新闻编辑一定要重视。即使在非常着急发稿的情况下，也要认真审查导语，多读几遍，对其认真修改，一个稿件的导语写得好也就成功了一半。导语在新闻稿件中发挥了重要作用，概括来说，主要包括以下几个方面。

第一，用简洁凝练的语言点明新闻的要点，开门见山，字数一般在80个字以内。

第二，由于导语会指出稿件的立场和主要观点，因此导语能够为整篇稿件定下基调。

第三，导语可以激发读者的阅读兴趣。一篇导语如果写得好，会让读者对稿件感兴趣，从而能够认真地阅读稿件，并且做出反馈。

（二）内文的修改

内容的修改也是新闻编辑的一个重要工作之一。本节对内文修改的讲解重点包括以下几个方面。

1.对新闻叙事的修改

叙事是文本策略的一种叙事手法，也是故事的主要表达手法，新闻故事也是叙事的一种模型。从叙事的角度出发对内容进行修改应遵循以下几条基本原则。

第一，要使新闻稿件中对事件的陈述部分变得更加清晰。

第二，通过叙事，能够使新闻的主题更加突出。

第三，对于多个新闻事件，要使其中的关联更加明确，并能够说明各个事件之间的逻辑关系，不可出现混乱的情况。

2.对新闻“再现”的修改

从新闻的角度来说，由于表述者的观点、立场等不同，会出现多种新闻“再现”，这种“再现”实际上就是一种选择和建构的过程。概括来说，新闻“再现”可以分为两大类。

第一类是新闻现场的“再现”。这类新闻通常有发生、发展以及结束的情节。

第二类是非事件新闻的内部发展规律的再现。这一类新闻一般没有现场动态，新闻事实比较复杂，需要经过详细分析后再现。

对于第一类新闻“再现”的修改应遵循以下几条原则。

第一，保证稿件的真实、简洁，注意客观的描述。

第二，努力控制字数，尽量用最少的字数表达最丰富的信息。

对于第二类新闻“再现”的修改应遵循以下几条原则。

第一，新闻中的分析要有理有据，数据和资料要真实和准确，对于过程的分析也要符合逻辑。

第二，新闻中的表述应清晰明确，使读者容易理解。

3.对新闻“意识形态”隐性表达的修改

新闻“意识形态”的隐性表达包含两方面的含义：第一，在对客观真实不造成影响的前提下，新闻报道存在着某种抽象的“意识形态”；第二，这种意识形态只能通过对新闻的陈述过程显露出来，而不能直接从正面来表达。

其实，新闻工作者通过对新闻价值的判断以及喜好程度等隐晦地表达了某种立场，对此，即使读者不理解其中的奥妙，新闻编辑也应对此心知肚明。因此，对于新闻“意识形态”隐性表达的修改应遵循以下原则。

第一，对新闻“客观与真实”的立场进行修订，凡是与该媒介立场不统一的素材或者表述方式都应进行修改。

第二，修订新闻报道的专业立场。如果遇到了问题，应首先遵循第一条原则，然后以专业原理为次要的指导原则。

第三，对于新闻中可能出现的泄密内容要严格把关，以免给国家和人民的利益造成损害。

（三）标题的修改

在修改完了导语和内文之后，新闻编辑对新闻的核心内容已经有了整体的把握，此时再对标题进行修改能更好地反映新闻稿件的整体内容。概括来说，修改标题应遵循以下原则。

第一，标题要抓住“新闻点”，从而更好地吸引读者的注意。

第二，标题要用最短的文字表达最丰富的信息。

第三，标题中的文字应生动简洁。

第四，标题中的文字应富有节奏和韵律。

第五章　新闻标题的制作

新闻标题是用最简要的文字对新闻内容进行概括的文字。在排版时，新闻标题的字体与字号也是与正文有所区别的。制作和修改新闻标题是新闻编辑的重要职责。本章即对新闻标题的相关内容进行简要研究。

第一节　新闻标题的功能与作用

新闻标题是指在正文之前用简短、醒目的文字概括或者是评价整个新闻内容的文字。新闻标题的功能与作用主要包括以下几个方面（见图5–1）。

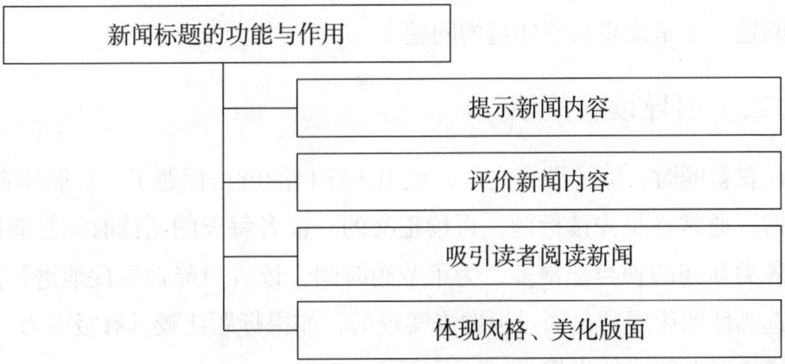

图5–1　新闻标题的功能与作用

一、提示新闻内容

新闻标题是用最简洁的语言将新闻中最具有价值的信息提供给读者。所以说，提示新闻内容是新闻标题的一个重要功能和作用，这种提示主要可以包括以下几部分的内容（见图5-2）。

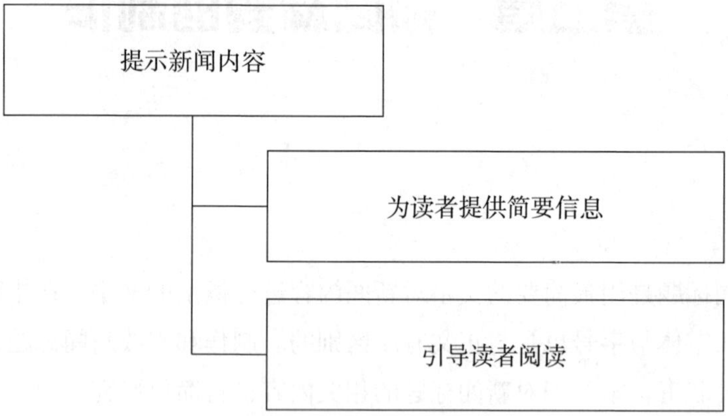

图5-2　提示新闻内容

（一）为读者提供简要信息

新闻标题中必须突出整个新闻的精华部分，在一篇新闻稿件中，不可能将新闻发生的时间、地点、人物、原因、经过、结果等这些内容全部概括进标题，标题要求简洁、凝练，能够为读者提供最简要的信息。所以，应该将稿件中最有价值的一两项概括进标题中，最有价值应是标题制作中应关注的焦点问题，也是读者最想知道的问题。

（二）引导读者阅读

在看新闻时，除了图片之外，最引人注目的就是标题了。按照读者的阅读习惯，通常都是先读标题，再读正文的。读者每天的阅读时间是有限的，现在各类新闻的种类非常多，为了节约时间，读者只能选择性地进行阅读，这种选择性阅读通常是通过标题来实现的，如果标题比较具有吸引力，那么就会增加读者阅读的兴趣。

二、评价新闻内容

一则好的新闻标题不仅能够简明扼要地对内容进行概括，还能对新闻做出一定的评价。通过这种评价，可以帮助读者正确理解新闻内容，从而引起读者的共鸣，更好地达到舆论监督的作用。

（一）标题评价新闻的作用

标题评价新闻的作用主要包括以下几个方面（见图5–3）。

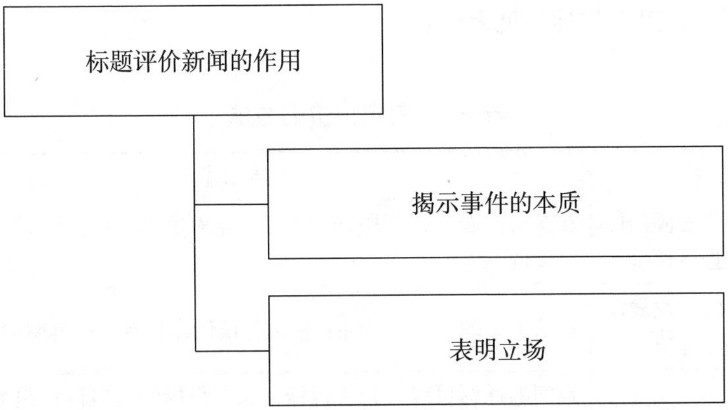

图5–3　标题评价新闻的作用

1.揭示事件的本质

在阅读新闻时，很多读者由于经验不足或者时间比较匆忙，不一定能够从新闻报道中发现事件的本质问题，如果标题中能够揭示出事件的本质，那么就会对读者起到一个引导的作用。

2.表明立场

新闻报道反映了现实生活，而现实生活是复杂多样的。在一些事件本身性质相对清晰的情况下，标题应采取明确的态度并表明立场，态度不明确的标题只能让读者产生距离感。

（二）标题评价新闻的方法

标题评价新闻的方法主要有内容评价和形式评价两种（见图5–4）。

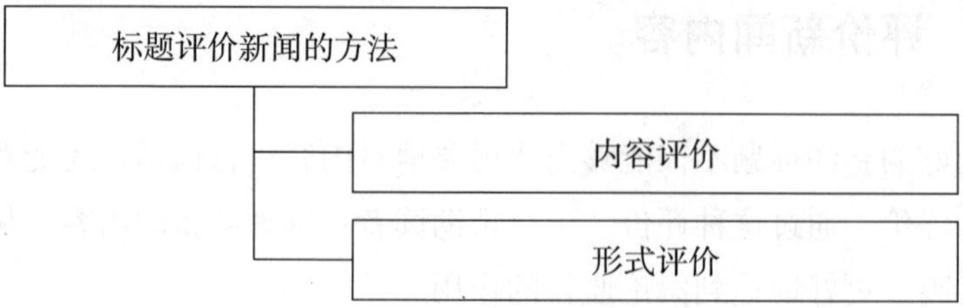

图5-4　标题评价新闻的方法

1.内容评价

从标题的内容上就可以看出对新闻事件的评价方法就是内容评价法，其方法主要包括以下几种（见表5-1）。

表5-1　内容评价的方法

方法	具体阐述
直接使用具有倾向性的词语进行评价	在这类标题中，使用感情色彩非常鲜明的词语表明媒介对新闻事件的态度
通过事实直接发表议论进行评价	在这类标题中，对事件直接进行议论，具有直接鲜明的特点
通过把新闻事实安排在标题的不同位置进行评价	新闻的标题可以分为单行标题和多行标题。多行标题可分为两部分，即主题和辅题。对于更重要的信息，编辑会将其放在主题上，其他相对不重要的内容将放在辅题中。从这种安排中，我们可以理解编辑对新闻内容重要性的评价

2.形式评价

形式评价的方法主要包括以下两种（见表5-2）。

表5-2　形式评价的方法

方法	具体阐述
根据特定的叙事方式进行评价	这种评价方法是在叙事的过程中使用特殊的叙事方式和口吻来表达媒介的态度与立场
使用特殊的编排手段进行评价	最常见的安排是更改字体大小或使用不同的提示、阴影和颜色来突出显示特定部分。通过特殊编排手段安排的内容通常是需要读者特别注意的重要部分

三、吸引读者阅读新闻

新闻内容的简洁凝练等是吸引读者的重要因素，但标题最先吸引读者的应该是新颖的形式，是一种形式美。这种形式美不仅是指标题具有显著的字体、字号以及底纹等，更是指新闻标题用词经典、形象，具有鲜明的时代感。

现代社会中很多人由于时间限制，在阅读文章之前都会首先通过了解标题再确定是否阅读正文，其原因如下。

第一，现代社会竞争激烈，为了应对激烈的竞争，很多媒体都是靠报道更多的新闻来赢得受众的，而受众面对如此大的信息流，很多都采取先读题的方法来对新闻进行取舍。

第二，现代生活节奏加快，人们的工作繁忙，所以他们要想在有限的时间内了解更多的新闻内容，只能通过阅读标题的形式来进行。

所以，为了吸引更多的读者阅读新闻，也为了更好地发挥新闻标题的导向作用，新闻编辑在制作新闻标题时一定要从客观实际出发，将最重要的新闻事实标示出来。

四、体现风格、美化版面

一个版面上如果没有标题，各篇文章都连在了一起，首尾难辨，就会让人感到比较压抑，从而产生厌烦的心理，给阅读带来极大的困难。有了标题之后，就会使各篇稿件出现明显的分离，条理清楚，读者也就更愿意去阅读。如果这些标题具有一定的风格，使版面得到美化的话，那么就会给读者赏心悦目的感觉。可以从以下几个方面来使标题具有体现风格、美化版面的作用。

第一，标题要能够使版面条理清晰、具有层次感。如果标题可以随着内容有所起伏，不仅可以让读者更容易地找到他们需要的信息，还可以从中获得美学外观，那么这样的标题就达到了内容和形式的统一，并会产生良好的效果。

第二，标题要使版面富于变化。标题具有活跃版面的作用，这主要体现在不同字体的搭配以及不同形式的变化等方面。通常来说，新闻的重要性与其字体字号成正比，新闻越重要，其字体字号就越大，反之则小。当然，标题字体字号的大小也与新闻的长短有关系，一般比较长的新闻标题的字体字号就大，短的就相应小一些。

在版面中，新闻标题的字体、字号和颜色可以不同，它们的排列方式也可以不同，标题与内容的位置搭配也可以不同，这就使得版面具有不同的风格，也赋予了其不同的美感。

第二节　新闻标题的结构与类型

一、新闻标题的结构

新闻标题的结构是指一条新闻标题的组成部分及其相互关联的方式。①从结构上看，新闻标题有单一结构和复合结构（见图5–5）。

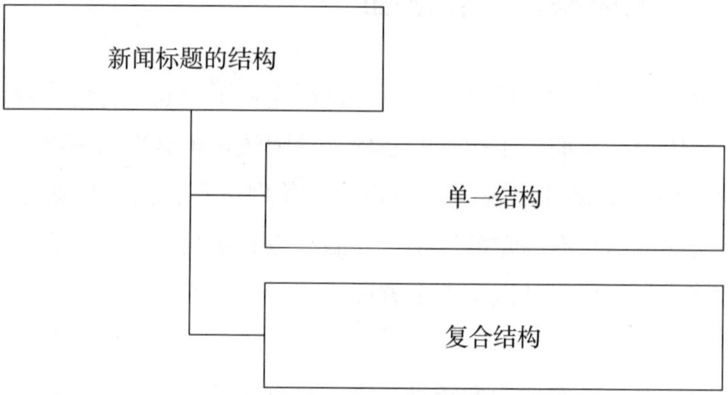

图5–5　新闻标题的结构

① 陈红梅. 新闻编辑（第2版）[M]. 武汉：武汉大学出版社，2011.

（一）单一结构

单一结构只有主题，没有辅题。主题可以是一行，也可以是两行甚至是三行。对于一些内容比较简单同时也不太重要的新闻，如果用主题就可以承担标题的功能，那么就应该采用单一结构的标题。

单一结构的标题也可以排成两行，但要注意用同样的字体，其主要形态包括以下几个方面。

（1）标题是一个完整的句子，但是由于太长而不得不将其分成两行。

（2）标题是两个相对独立的不分主次的句子，两者属于并列的关系。

（3）单一结构的标题有时也有排成三行的，但比较少见。有时，将其排成三行不单是因为字数太多，也是为了讲究对称。

（二）复合结构

根据新闻内容的需要，复合结构的标题可以由主题、引题和副题三者组成（见图5–6）。

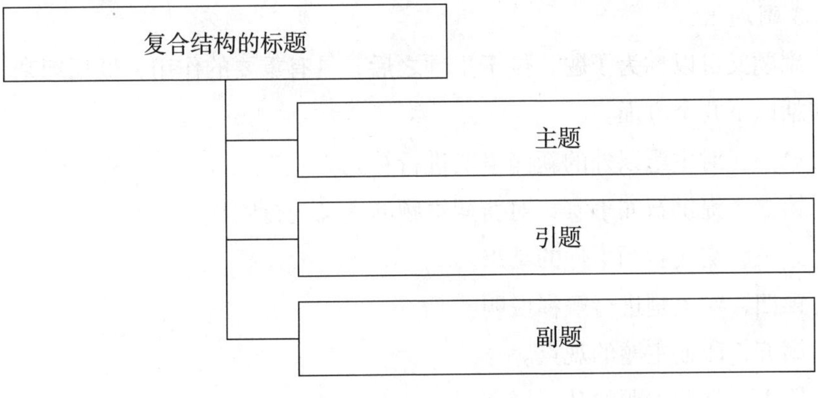

图5–6　复合结构的标题

1.主题

主题又可以称为主标题，是标题中最重要的部分，其作用是能够说明新闻的本质思想。

主题通常为一行，称为单行主题，但有时候主题会比较长，如果放在一行会影响美观，所以可以将其放到第二行，但字体与字号必须是一致的。需要注意的是，在复合结构的标题中，主题一般不会超过两行，否则会给人一种啰嗦的感觉。

2.引题

引题因其功能引出主题而得名，通常放在主题的前面，是主题的前导，属于辅题之一。引题一般是一行，偶尔也会出现两行的情况，但不管是一行还是两行，字体和字号必须是一样的。引题具有重要的作用，概括起来，主要包括以下几个方面。

第一，交代相关的新闻背景。

第二，说明新闻事件发生的原因。

第三，对新闻的目的进行说明。

第四，点出新闻事件的意义。

第五，交代新闻事件的起始部分。

第六，烘托气氛。

第七，提出疑问。

第八，发表议论。

3.副题

副题又可以称为子题，位于主题之后，具有重要的作用，概括起来，主要包括以下几个方面。

第一，对主题以外的新闻事实进行补充。

第二，提供新闻事实，对新闻主题的含义进行阐释。

第三，交代新闻事件的结果。

第四，对主题进行解释说明。

第五，印证主题的观点。

第六，强调主题的某一局部。

第七，对主题事实提出疑问。

复合结构标题的组合方式主要有以下几种形式。

第一，引题—主题构成式。

第二，主题—副题构成式。

第三，引题—主题—副题构成式。

二、新闻标题的类型

根据不同的分类标准，可以将新闻标题分为不同的类型。

（一）根据新闻的文体进行分类

根据新闻文体，可以将新闻标题分为以下几种类型（见图5-7）。

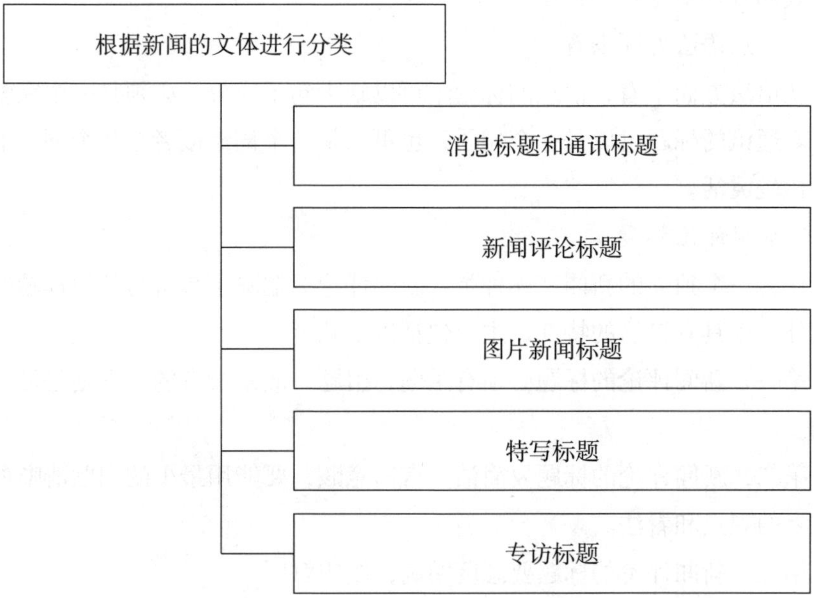

图5-7　根据新闻的文体进行分类

1.消息标题和通讯标题

消息和通讯是两种最常见的文体，它们之间有一些共性，但也存在显著的差异，具体包括以下几个方面。

（1）从内容方面来看

消息的标题要对必要的新闻要素有所交代，要标出新闻事实。而通讯的标题比较灵活，可以是呈现新闻事实的标题，也可以是抒情或者说理的标题。消息和通讯的标题之所以会有这种差异，是由二者不同的功能决定的。新闻的标题要求在读者还没有读正文之前就把新闻事实告诉读者，这样，即使读者不通读全文，也能大致了解新闻信息。从这个意义上来说，新闻标题本身就是新闻事实的载体。而通讯只是要求通过某种提示引导读者阅读全文，所以不需要标题中一定要陈述新闻事实。通讯的标题应该含蓄一些较好，绝对不能和盘托出新闻中引人入胜的情节。

（2）从时态方面来看

从时态方面来看，消息和通讯有显著的不同，消息是将最新的新闻呈现给读者，时效性非常强。而通讯则不同，其是对某一人物或者事件的详细报道，其时效性不是特别强。

（3）从语法方面来看

从语法方面来看，消息的标题不可以缺少句子成分，必须是一个完整的句子。通讯的标题可以是一个句子，也可以是一个词组或者是几个词，形式相对比较灵活。

2.新闻评论标题

作为一个独立的新闻文体种类，新闻评论标题除了具备与其他标题的共性之外，也具有自己的特性，主要包括以下几个方面。

第一，新闻评论的标题必须有主题，引题一般是没有的，副题是可有可无的。

第二，新闻评论的标题要简洁，言简意赅，要能用最少的问题清晰地表达作者的观点和看法。

第三，新闻评论的标题要态度明确，旗帜鲜明。

3.图片新闻标题

图片新闻标题目前已经被各家媒体采用。对于那些不太重要，但又比较具有视觉效应的新闻来说，可以采用图片新闻标题。这种新闻标题既能让读者对新闻有个大概的了解，又能够方便读者阅读，还能够起到美化版面的效果。在制作图片新闻标题时需要注意以下几个方面。

（1）题图要相符

图片的标题必须和图片内容相符，要以图片为依托进行提取，绝对不能游离于事实之外。

（2）文字要简洁

能够激发读者的阅读兴趣、减轻读者的阅读疲劳是图片新闻的一个重要作用。新闻中有些内容如果用文字描述起来比较麻烦，而且存在表述不清的情况，此时如果用图片表达则一目了然。与图片相搭配的标题也应该言简意赅，要用最少的文字来表达新闻内容。

（3）要具有新意

新闻媒体的相关工作人员在处理图片新闻标题时，不能仅仅满足于简单地对新闻的告知，而应该另辟蹊径，从标题上能看出更为新颖的东西，从而让读者过目不忘，使图片标题的立意“源于图片，高于图片”。

4.特写标题

特写标题侧重对新闻事实中最精彩部分的描写，用语含蓄、形象、生动，具有激动人心的效果。特写的标题有单行和双行两种形式。

5.专访标题

专访也可以称为访问记，是指专门对新闻人物或者典型单位进行的采访。采访的问题通常是针对社会上普遍关心的问题所开展的。

（二）根据新闻标题的表述内容进行分类

根据新闻标题的表述内容，可以将新闻标题分为实题和虚题两种类型（见图5-8）。

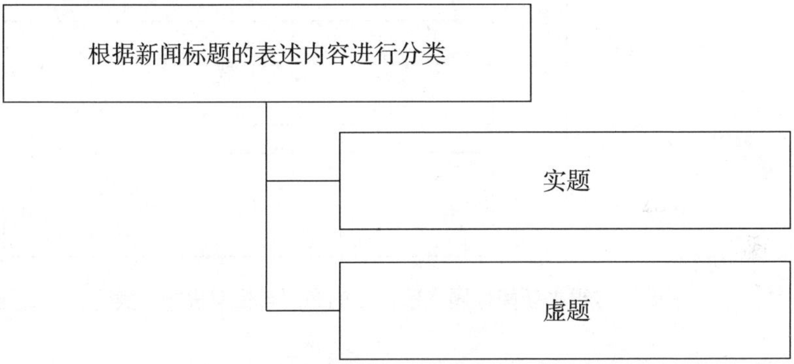

图5-8　根据新闻标题的表述内容进行分类

1.实题

实题是指表意比较具体的标题，这种标题的特点以叙事为主，具体指明了新闻事实，着重对新闻中重要的人物和事件进行表述。通过这种标题，读者一看就能够对新闻事实有一个大概的了解。

2.虚题

虚题是与实题相对的一种标题，这种标题比较抽象，以揭示新闻的本质为主，重在议论和说理。

（三）根据新闻标题在版面上的布局与位置进行分类

根据新闻标题在版面上的布局与位置进行分类，可以将新闻标题分为以下几种类型（见图5–9）。

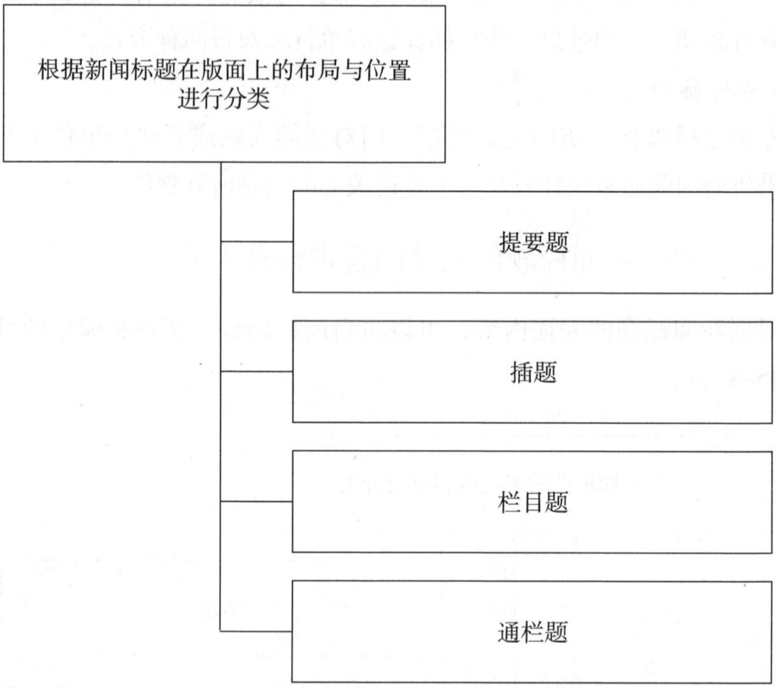

图5–9　根据新闻标题在版面上的布局与位置进行分类

1.提要题

提要题也可以叫作提示题，有时还可以直接将其称为内容提要，是在比较重要的长新闻网的标题之下所加上的一种长制题。通常位于标题之后正式的新闻内容之前，其作用与副题或说明性的编者按类似。

与传统的提要题相比，近年来的提要题又出现了一些新的特征，主要包括以下几个方面。

第一，传统的提要题写作手法平实，通常是对文章内容和观点的简要概括，而现代的提要题既可以概括文章的内容和观点，也可以对吸引人的一些新闻事实进行提示，还可以渲染气氛。总之，作用比传统的提要题要灵活很多。

第二，传统的提要题通常是从编者的角度入手进行写作的，而现代的提要题可以从作者的角度对写作的观点和意图进行说明。

第三，现代的提要题可以根据版面的实际情况确定具体位置，位置是不固定的，可以放在标题之前，也可以放在标题和正文之间，还可以放在文中，被正文包围。

2.插题

插题是穿插在新闻中的小标题。插题比较适合出现在比较长的新闻中，是对文中某一部分的一个概括总结，是总标题的一部分。

插题具有重要的作用，既可以美化版面，又可以使编排看上去更加有条理，方便读者阅读。

通常来说，插题至少应该有两个，如果几个并列的插题能够做到形式统一，那么会给读者带来一种非常舒服的感觉，对提高读者的阅读兴趣具有重要作用。

3.栏目题

栏目题又可以称为专栏题，就是将两篇以上内容相关但又是独立的稿件放在一个专栏中进行发表，并且给它们命名一个总的标题，这个总的标题就是栏目题。

4.通栏题

通栏题也叫通栏标题或横幅，是一种贯穿版面的特大标题。通栏标题通常位于版面的顶端。由于通栏标题具有极大的指导性，所以在使用的过程中一定要慎重，千万不可用错，否则后果较严重。

（四）根据新闻标题的排列形式进行分类

根据新闻标题的排列方式，可以将新闻标题分为以下几种类型（见图5–10）。

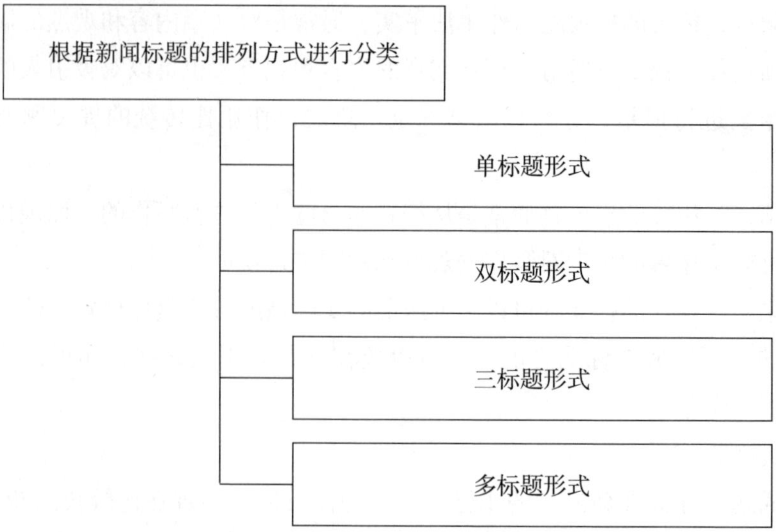

图5-10　根据新闻标题的排列方式进行分类

1.单标题形式

单标题形式是指只有主标题的一种标题形式。如果新闻中所报道的事件比较简单的时候，通常使用这种标题形式。这种标题形式的表现力相对弱一些。需要说明的是，有时由于主标题的字数太多而需要分两行进行排版时，字体字号应相同。

2.双标题形式

与单标题相比，双标题的表现内容更丰富，双标题可以相互补充，主次分明。

3.三标题形式

三标题形式是指同时具备引题、主题和副题的标题形式，这种标题形式层次丰富，表现手法自由，风格各异，能够更清晰明了地对新闻事实进行说明，使读者可以从标题中获得更多的信息。

4.多标题形式

多标题形式是指除了引题、主题、副题之外，还会出现插题或者提要题等，这种标题的表现形式比较灵活。对于一篇稿件来说，可以根据实际情况决定是否使用多标题的形式。如果稿件比较重要，里面的内容又比较复杂，层次也比较多，可以考虑采用多标题的形式。需要注意的是，一定要根据实际情况进行使用，不可滥用，否则就会出现因使用标题不当而使文章显得啰唆和笨重的情况。

第三节　新闻标题制作的要求与技巧

一、新闻标题制作的要求

在制作新闻标题时，应遵循一定的要求，概括起来，这些要求主要包括以下几个方面（见图5–11）。

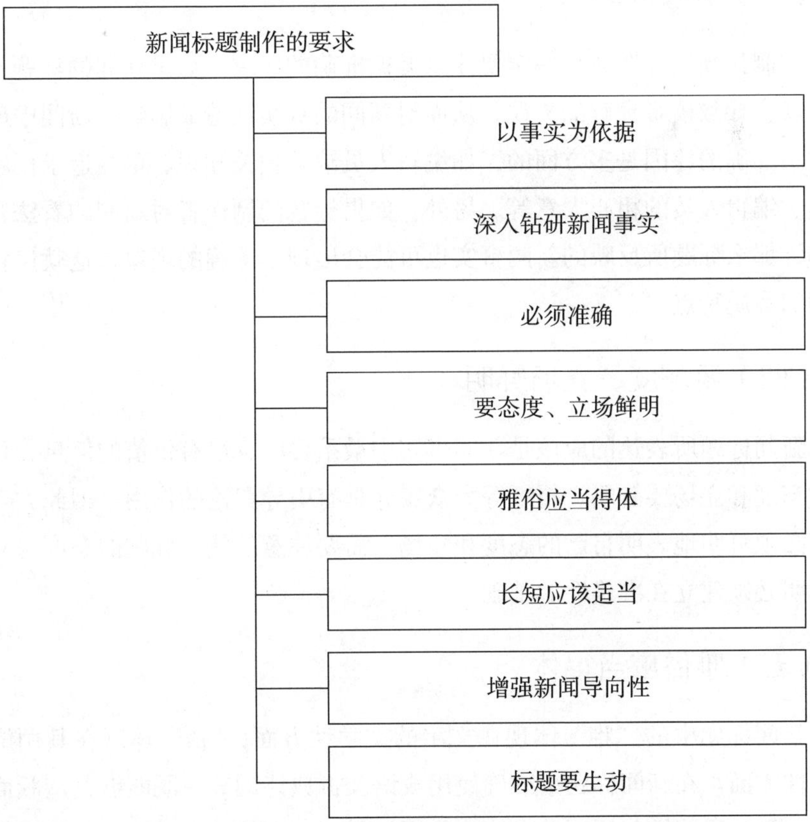

图5–11　新闻标题制作的要求

（一）以事实为依据

新闻标题必须严格按照事实来拟写，绝对不能超出新闻事实的范围，即使是虚题，也不能脱离新闻事实，更不能无中生有，随意编造。也就是说，题文必须一致。

（二）深入钻研新闻事实

制作新闻标题时，一定要深入钻研新闻事实，对新闻事实有一个全面的理解，只有这样，制作出来的新闻标题才能起到画龙点睛的作用。如果一条新闻标题既可以用在这则新闻上，又可以用在其他新闻上，那么这条标题必定是失败的。

（三）必须准确

在制作新闻标题时，一定要注意遵循准确的要求。如果新闻的标题不准确，就会导致读者理解的失误，从而对新闻的真实性造成影响。新闻中出现标题不准确的原因是多方面的，如编辑人员缺乏相关知识、单纯追求标题的简洁、编辑人员的粗心大意等。另外，如果标题的制作者对新闻的看法存在误解，那么标题所反映的新闻事实也可能会出现不准确的现象，这就违背了新闻的本质特点。

（四）要态度、立场鲜明

新闻标题所表达的应该是新闻事实中最重要的、最有价值的信息，且标题的态度和立场要鲜明。报纸等大众媒介具有引导舆论的作用，因此，在标题中必须鲜明地表明自己的态度和立场。需要注意的是，标题的态度与立场的鲜明必须建立在准确性的基础上。

（五）雅俗应当得体

新闻标题中的“雅”体现在文字的文学性方面，“俗”体现在其用语的流行性方面。在新闻标题中准确使用成语及古典诗词等，既能够营造版面的典雅气氛，还能够起到画龙点睛的作用。需要注意的是，这种“雅”不能过于阳春白雪，要具有大众性。新闻标题中的“俗”应俗在灵活使用当下的流行语等，以突出传播媒介的大众性和流行性。但“俗”不能是低俗，应该努力维护公共话语的洁净。

（六）长短应该适当

新闻标题的新趋势是长题短文，这样既可以强化标题信息的冲击力，也可以美化版面。但长标题比较适合用在引题之中，主题应该用短标题。在使用长标题时，字数也应适当，以免导致读者的视觉疲劳。

（七）增强新闻导向性

在我国，新闻工作必须服务于党和政府，必须无条件地将党的纲领及路线方针等传递给大众。所以，新闻编辑必须不断提高自身的素养，唯有如此，才能准确地通过新闻作品传递时代精神。新闻标题是新闻作品的眼睛，新闻编辑在制作新闻标题时，一定要具有极强的导向性。

（八）标题要生动

新闻标题具有生动性是新闻标题制作者所追求的一个重要目标。新闻的标题如果生动形象，在为读者提供有价值的信息的同时，还能给读者带来一种美的享受。

二、新闻标题制作的技巧

（一）确定标题写什么

所谓写什么，就是确定从新闻事实中提炼出什么样的事实或者观点，并且根据标题制作的相关要求制作标题。

1.通过阅读新闻稿件找出制作新闻标题所需要的材料

新闻编辑在制作标题之前都应该认真阅读新闻稿件中的相关内容，只有认真阅读了相关内容，才能从整体上把握，提炼出能够真正概括新闻事实或者观点的新闻标题。

（1）从导语中去寻找制作新闻标题的材料

通常来说，从导语中去寻找制作新闻标题的材料是一种比较简单和快速的方法。因为在许多新闻中，都是将最重要、最有价值的信息放在导语中，从导语中基本上就可以看出新闻的主题思想。但这并不是说在制作标题时只需要好好阅读导语就可以了，导语只是一个重要的参考部分，但绝对不是唯一的参考标准，新闻编辑只有在通读新闻稿件的基础上才能更好地制作新闻标题。

（2）寻找新闻中具有特色和个性的内容

新闻的标题中要具有特色和个性，要给读者耳目一新的感觉，这样才能激发起读者阅读的兴趣。如果读者一看到新闻的标题就感觉全是空洞的套话，那么读者肯定会认为这则新闻毫无阅读的意义。所以说，新闻的标题一定要具有特色和个性，要避免雷同，也要避免老生常谈。

（3）将内容合理地分配到标题的各个部分

从读者的阅读习惯来看，一则新闻的主题不宜太长，太长的主题容易引起读者的阅读疲劳，其效果要比短标题差很多。所以，对于比较重要的新闻，如果需要写进标题的内容很多，那么我们就需要再进行一次筛选，将最精彩的内容放进主题中，而将不太重要的内容放进副题中，从而保证主题的简洁凝练。

2.正确认识新闻事实，在标题中确定好立场和观点

在确定好了新闻标题的内容之后，还要对新闻事实有准确的了解，以确定在新闻标题中持有什么样的立场和观点。通常来说，对于那些以提供信息为主的新闻，标题中只需要准确、客观地陈述新闻内容即可，没有必要对新闻内容做出主观的评价。而对于以报道为主的新闻，在标题中不仅应该告诉读者该新闻中发生了什么事情，最好还要引导读者对该新闻做出正确的评价，这就需要在新闻的标题中反映鲜明的立场和观点。一般情况下，新闻标题中呈现的立场和观点就代表了媒体的态度，一般来说，在标题中表态的方式主要有以下两种（见表5–3）。

表5-3　在标题中表态的方式

在标题中表态的方式	具体阐述
通过选择事实来表达观点	给读者呈现新闻事实是新闻标题的一个重要作用，而对新闻事实的选择是编辑根据自己的主观判断决定的。所以说，在选择新闻的过程中，新闻编辑的立场和观点实际上就已经确定了
通过直接发表议论来表达观点	在新闻标题中，新闻编辑可以使用具有感情色彩的语言，将自己的立场和观点表达清楚，不管是肯定的还是否定的，不管是赞扬的还是讽刺的，应该使读者一目了然，并且从中受到感染

需要说明的是，在新闻标题中直接表态时应该注意采用的感情色彩是否合适，是否与当下的时代背景和客观环境相协调。所以，新闻编辑在制作新闻标题时还应该根据当下的实际情况考虑到标题会带给读者什么样的舆论引导。只有提前进行了充分的考虑，才能对读者进行正确的引导。

（二）确定标题怎么写

在确定了标题写什么之后，还要确定标题怎么写，就是应该采用什么样的形式写标题才能达到吸引读者的目的。

1.根据新闻的内容以及版面的要求对新闻标题的结构形式进行确定

通常来说，非常重要且篇幅较长的新闻一般采用长标题、复合结构标题的形式较多，有些比较重要的长稿，还会有提要题和分题等。反之，一些篇幅较短且不太重要的新闻稿件通常采用的是短标题的形式。

新闻标题的结构除了受到新闻内容以及报道意图的影响外，还受到版面要求的影响。一条新闻及其标题都是一个版面的组成部分，所以，版面的要求对新闻标题的结构也具有重要影响。一条标题是横排还是竖排，是否有与其他标题重复的地方，这些都需要从整个版面上来考虑。标题作为版面的一部分，必须根据整个版面的需要进行相应调整。

2.确定标题的表现形式

（1）新闻的标题要简洁易懂

如果新闻的标题是冗长的，那么很有可能引起读者的反感，使精华被埋没。另外，即使新闻标题中将精华写了出来，但如果让读者觉得晦涩难懂，那么也同样不是一条好的新闻标题。特别是一些比较专业的东西，如果在制作标题时不加以处理，就只能让读者望而生畏。

概括来说，新闻中的标题要做到简洁易懂，需要做到以下几个方面（见表5-4）。

表5-4 新闻中的标题要简洁易懂需做到的方面

需做到的方面	具体阐述
在制作标题中要善于使用省略	善于使用省略是标题简洁的关键。在制作标题时，不需要将所有的新闻要素都展示给读者，对于那些不必要的背景及气氛等内容，都可以删去，只留下必须交代的人与事等即可。具体来说，在新闻标题中，可以将以下几部分删掉。 第一，只需要突出核心事件即可，删除不必要的议论。 第二，省略新闻事件发生的具体情节。 第三，省略读者熟知的人物的身份等
在制作标题中要善于概括	这里所说的概括是指在确定了新闻标题中的内容不能再删减的情况下，思考如果使表达这些内容的文字再精练一些。要做到以下几个方面。 第一，要锤炼字句。 第二，要适当使用简称

（2）新闻的标题要生动形象

新闻的标题不仅要简洁易懂，还要生动形象。具体来说，可以采用一些常用的修辞手法使标题更加生动形象。

①比喻

比喻是在新闻标题中使用最多的一种修辞手法，在制作标题时，运用比喻的修辞手法可以将某些抽象的、深奥的内容变为具体的、浅显的、人们所熟悉的内容。例如新闻标题：《（引）陆丁巷地区电压提高（主）电灯不再像萤火虫》。

在这则标题中，将“萤火虫”比喻电压未提高前的电灯，非常生动形象。

②比拟

比拟就是发挥想象，将人当作物或者将物当作人来描写。采用这种修辞方法可以抒发强烈的情感。例如新闻标题：《（引）“大众”吃不到嘴边肉

（主）“劳斯莱斯”联姻“宝马”》。

这则新闻标题就是采用了拟人的手法，能够给人留下深刻的印象。

③借代

借代就是不直接将人或者事物的名称说出来，而是用一个与它密切相关的事物来代替。例如新闻标题：《（主）“体操王子”回“娘家”（副）慷慨资助体坛后来人》。

在这则新闻标题中，用“体操王子”来代表昔日著名的体操运动员李宁。运用借代的手法可以更好地对事物的特征进行揭示，以此表达特定的感情，引起读者的思考。

④引用

引用就是将诗词等运用到新闻的标题中，使新闻的标题看起来更加活泼生动。例如新闻标题：《（主）孤舟蓑立翁　难钓美洲鱼（副）记意大利队与智利队之战》。

在这则标题中，引用了柳宗元《江雪》中的名句“孤舟蓑立翁，独钓寒江雪”，编辑仅仅改动了几个字，便将比赛中意大利的艰难淋漓尽致地描述了出来。

⑤对比

对比就是将两个相反的事物或者是同一个事物的对立面放在一起，从而形成鲜明的对照，使要说明的事物更加突出。例如新闻标题：《（引）鞭炮闹剧令宝山农民胡某哭笑不得（主）不该买的他买了，不该响时它响了》。

在这则标题中，将两个“不该”放在了一起对比，形成了反差，从而使要说明的事物更加突出和鲜明。

⑥排比

排比就是将三个或者三个以上的结构相似的词句排列在一起运用，使所说明的事物更加铿锵有力。例如新闻标题：《（引）新品多、花色多、色彩多、档次多（主）赠师贺卡精彩纷呈》。

⑦对偶

对偶就是在新闻标题中将结构和字数相同，意义相关或者相对的词语对称地排列在一起。这种形式比较整齐，读起来朗朗上口。与一般的陈述句相比，运用对偶的手法更能使标题具有表现力。例如新闻标题：《（主）春雨

催花花竞放　茶香熏人人自来（副）记上海国际茶文化节开幕式》。

⑧反复

反复就是在标题中将某一个字或者是词反复进行陈述，以加强语气。例如新闻标题:《精彩中国需要精彩讲述》。

在这则标题中反复使用了“精彩”，既强调了中国和讲述的精彩，也强化了制作者对二者的赞赏之情。

⑨双关

双关就是巧妙地使新闻标题中的同一个词语或者同一句话，具有双重的意思，一重是表面的意思，另一重是暗含的意思，而这种暗含的意思才是最真实和最主要的意思。双关的作用是能够含蓄地表达某种观点或者感情，能够使读者回味无穷。例如新闻标题:《延安紫砂“红”起来》。

在这则标题中，“红”既指延安紫砂具有红的颜色，同时又暗示该产品会走红市场。

除了以上修辞手法外，还有很多其他的修辞手法，如回环、顶真、拈连等，在这里就不一一列举了。作为新闻编辑人员，一定要对这些修辞手法认真研究，合理使用。

第六章　新闻图片的编辑与应用

新闻图片具有记录历史、传播信息、装饰版面、图解诠注、证明事实、拉近距离、表达隐性主观意识等多种作用，既可以使复杂、抽象的信息简单化和具体化，同时还方便阅读，能够给读者带来美的享受。所以，新闻图片越来越受到欢迎。对于新闻编辑来说，具有新闻图片的编辑能力是一项重要的基本功。

第一节　新闻图片的地位与作用

一、图片与新闻图片的内涵

图片的范围很大，包含的种类很多，是照片、图形、图表以及各种美术作品的统称。而新闻图片是图片的组成部分。

新闻图片也有广义的概念和狭义的概念。广义的新闻图片是指在新闻媒体上出现的全部图片，包括刊头、题花、表格、照片、地图、漫画、油画、水彩画、邮票等。

狭义的新闻图片是指与新闻具有密切联系的图片，最常见的新闻图片有新闻照片、新闻漫画和新闻图表三类。本章即对狭义的新闻图片进行简要研究。

二、新闻图片的地位

新闻图片具有重要的地位，概括起来主要包括以下两个方面（见图6–1）。

- 新闻图片的地位
  - 从传播功能的角度来看，新闻图片在版面上占有主体地位
  - 从图片量剧增的角度来看，新闻图片在版面中占有重要的地位

图6–1　新闻图片的地位

（一）从传播功能的角度来看，新闻图片在版面上占有主体地位

从传播功能的角度来看，新闻图片可以分为辅助性图片和主体性图片两种。

辅助性图片是指在新闻版面中不传递信息，只是作为点缀作用的图片。主体性图片是在新闻版面中具有传播信息作用的图片。这种图片可以用少数文字进行解释说明，从而与文字内容一起传递重要的信息。图片与文字相配合的表现形式主要有图文合一和图文对位两种。

1.图文合一

图文合一是指图片和文字都指向同一个具体的新闻形象的传播形式。这种传播形式使读者阅读起来相对简单很多，图文并茂，非常容易理解新闻所要表达的思想内容。具体表现形式主要包括以下几种。

第一，单幅照片与文字合一。

第二，多幅照片与文字合一。

第三，漫画与文字合一。

第四，图表与文字合一。

2.图文对位

图文对位是指图片和文字分别从不同的角度对信息内容进行说明，同时

二者又可以结合起来的一种形式。这种形式利用传播信息间的差距引起读者的兴趣，使读者在首先看到图片时就迫不及待地想去阅读文章，在首先阅读文章之后就急切阅读文字，从而使读者在获得信息后产生满足感。其传播形式主要有以下几种。

第一，单幅照片与文字对位。

第二，多幅照片与文字对位。

第三，漫画与文字对位。

第四，图表与文字对位。

（二）从图片量剧增的角度来看，新闻图片在版面中占有重要的地位

近些年，新闻中的图片数量剧增，究其原因主要包括以下几种（见图6–2）。

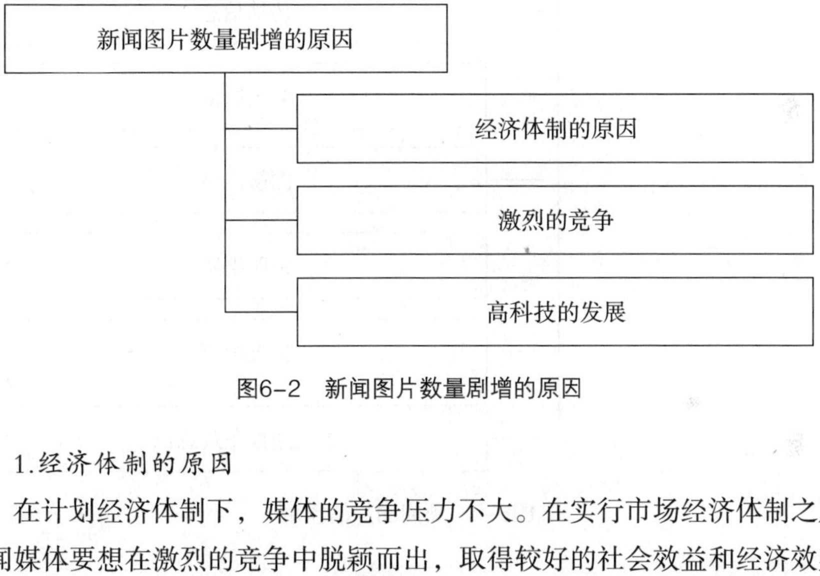

图6–2　新闻图片数量剧增的原因

1.经济体制的原因

在计划经济体制下，媒体的竞争压力不大。在实行市场经济体制之后，新闻媒体要想在激烈的竞争中脱颖而出，取得较好的社会效益和经济效益，就必须提高自身产品的质量。在新闻版面中运用图片，可以极大地吸引读者，所以说，经济体制的因素是新闻中图片数量剧增的一个重要方面。

2.激烈的竞争

自20世纪90年代以来，市场竞争激烈。以报纸为例，除了要和同行竞争之外，还要和广播、电视、网络等媒体展开激烈的竞争。为了在竞争中取得

优势，图文并重是一个重要法宝。

3.高科技的发展

随着社会的进步和科技的发展，图片的制作和传输变得非常方便，这就为图片在版面中的剧增提供了良好条件。

三、新闻图片的作用

新闻图片具有重要作用，概括起来主要包括以下几个方面（见图6–3）。

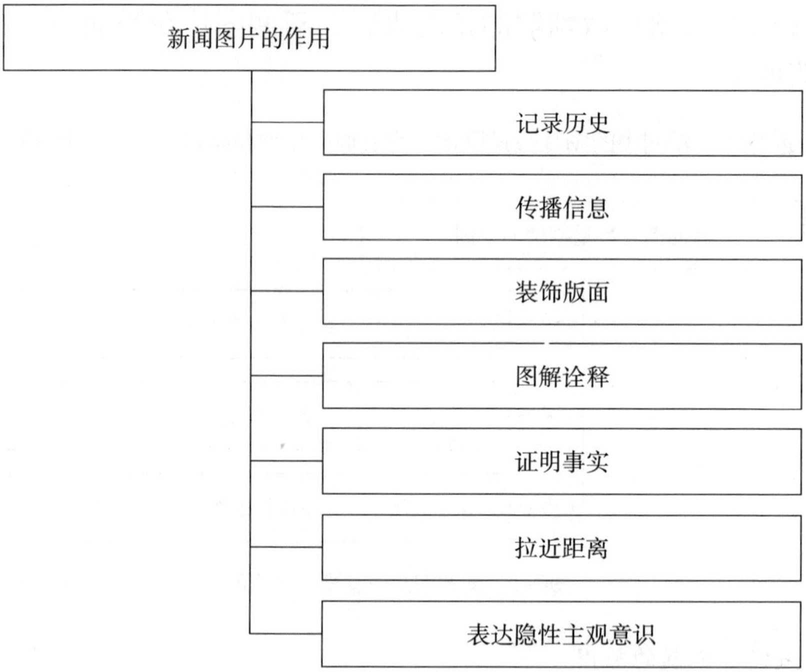

图6–3　新闻图片的作用

（一）记录历史

从某种意义来说，新闻记者就是历史的见证人，他们所拍下的各种照片就是曾经发生的历史的见证物。今天的新闻是明天的历史，而新闻中的图片确实具有记录历史的重要作用。

（二）传播信息

与文字信息相比，新闻图片所传递的信息更容易被读者理解，图片可以将抽象的信息具体化，使读者更容易正确理解新闻中的内容。

（三）装饰版面

对于新闻版面来说，新闻图片可以说是其眼睛，具有装饰的作用。现在的报纸越来越重视图片的作用，随便翻开一些报纸就会发现，几乎在头版上都会出现一张图片，可以说，一张优秀的图片具有极大的装饰版面的作用，能够极大地调动读者阅读的兴趣。调查显示，在一张报纸上如果有一张图片，都会让读者第一时间注意到它。由此可知，新闻版面中的图片具有极大的吸引力，可以在瞬间抓住读者的眼球。

（四）图解诠释

在新闻版面中，合理地使用一张图片可以胜过繁复的文字解释，所以说，新闻图片具有天然的图解诠释的作用。

（五）证明事实

正所谓“耳听为虚，眼见为实”，从新闻记者所拍摄的各种照片中，受众可以很明显地看出当时所发生的事情，所以说，这是任何文字信息都无法比拟的重要作用。

（六）拉近距离

新闻图片将新闻事件和新闻人物直接呈现在了读者面前，这在传递各种信息的同时也传递着情感，尤其是一些特写的图片更能传递出更多的情感，通过新闻图片，新闻编辑可以和读者进行情感的交流，从而拉近彼此之间的距离。

（七）表达隐性主观意识

新闻记者和新闻编辑都是新闻图片信息的把关人，能够在媒体上出现的图片都是经过层层把关的，这些图片都或多或少地带有新闻人的一些主观意识，通过呈现给读者的图片，这些主观意识能够潜移默化地传递给读者，起到一种“润物细无声”的效果。

第二节　新闻照片的选择与编辑

一、新闻照片概述

（一）新闻照片的概念

新闻照片是以报道最近发生的事实为目的而拍摄的各种照片，判断一张照片是否为新闻照片的两个重要方面是真实和新鲜。

1.真实

艺术照片可以进行摆拍，可以进行后期制作，这是新闻照片绝对不能容忍的。新闻照片必须是对新闻现场的真实记录，绝对不允许在拍摄过程中弄虚作假。

2.新鲜

新闻具有时效性的特点，为新闻服务的新闻照片同样也必须新鲜，如果照片拍摄时间过长，就有可能失去时效性。

（二）新闻照片的特征

与其他照片相比，新闻照片具有显著的特征，概括来说，主要包括以下几个方面（见图6–4）。

1.纪实性

如果新闻记者只是需要写一篇纯文字的稿件，那么可能只需要进行电话采访或者是事后调查访问的形式就行。但拍摄新闻照片则必须到现场去才行，而且是要在事件发生的同时进行拍摄。所以说，新闻照片具有纪实性的特点，这种纪实性也使得新闻照片具有了独特的价值。

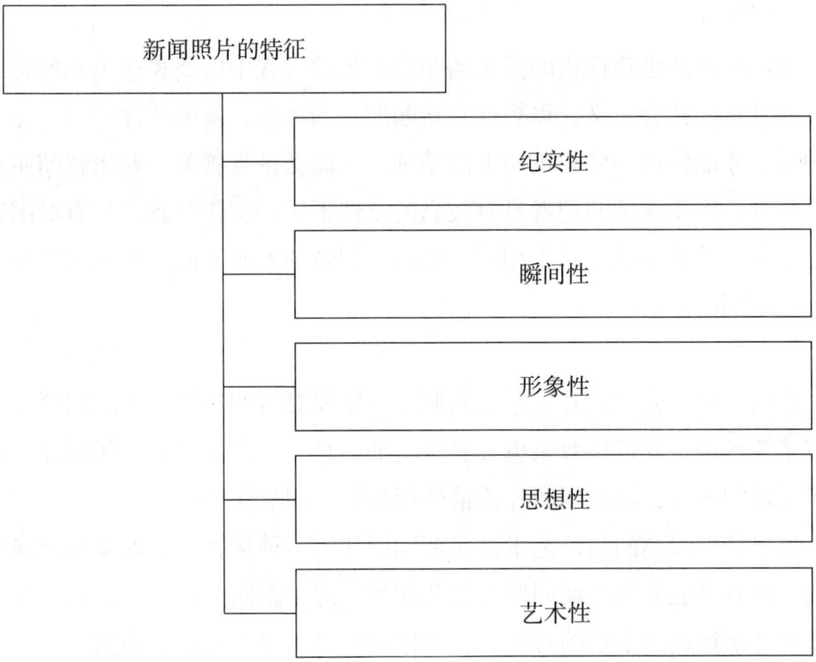

图6-4　新闻照片的特征

2.瞬间性

新闻照片是对事件发展的典型瞬间进行拍摄获得的。这一典型的瞬间是拍摄对象在发生和发展过程中最具有代表性的刹那间形象。我们都知道，任何事物都是在不断变化着的，可以根据时间将其分割成不同的瞬间状态，当强烈的和特别有意义的视觉形象出现的时候，就是这个事物最具代表性的典型瞬间。每一个事物都有成千上万个发展的瞬间，要想抓住典型的瞬间，就需要拍摄者具有专业的知识、经验和快速的反应能力。

3.形象性

正所谓“百闻不如一见”，新闻照片是靠形象说话的，如果读者通过一张新闻照片就可以对发生事件的大致情况有所了解，并且能够从中受到某种感染或者启发，那么就说明这张新闻照片是非常成功的。相反，如果照片的形象性非常差，需要大量的文字对照片进行阐释说明，那就说明这张照片缺少了形象性。为了增强新闻照片的形象性，新闻记者一定要抓取到最经典的瞬间去表现新闻题材，一定要注重新闻照片的画面感和现场感。

4.思想性

新闻照片的思想性指的是新闻照片在传递过程中所要表达出来的思想高度和所具有的社会意义。思想性是新闻照片的灵魂，新闻照片中只有注入了思想性，才能传达一些积极向上的精神，才能弘扬真善美。要想新闻照片具有思想性，就要求新闻记者具有较高的整体素质和文化背景，具有对国家和对社会高度的责任感。对于相同的新闻，记者的素质不同，所拍摄出来的照片也是不同的。

5.艺术性

严格来说，艺术性并不是新闻照片一定要具有的特征，但新闻照片如果具有了艺术性，其传播效果也会有所增加。具有了艺术性的新闻照片会吸引读者更多的关注，对新闻照片价值的提高具有明显作用。

需要特别强调的是，艺术性是新闻照片的一种从属性，如果过分强调艺术性，很有可能会损害新闻照片的新闻性。对于新闻照片来说，具有真实性和新鲜性永远是最重要的特性，艺术性只能具有锦上添花的作用。

（三）新闻照片的功能

新闻照片的功能主要包括以下几个方面（见图6–5）。

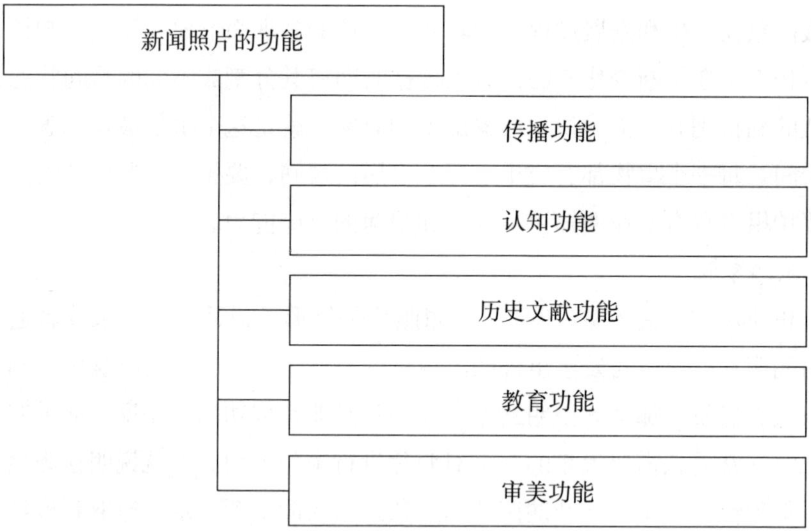

图6–5　新闻照片的功能

1.传播功能

传播功能是新闻照片最重要的功能，这一功能的实现主要取决于以下几个方面（见表6–1）。

表6–1 新闻照片传播功能实现的决定因素

新闻照片传播功能实现的决定因素	具体阐述
真	真实是新闻的生命，同样也是新闻照片的生命。现在，新闻照片中出现弄虚作假的情况很多，有的是通过摆拍的方式作假，有的是通过各种技术手段对照片进行“再创作”。这些作假的新闻照片极大地损害了新闻传播功能的实现
善	这里所说的善，是指新闻照片的内容一定是健康的、积极向上的、催人奋进的，更是不违背社会公德的
美	新闻照片中的“美”，一方面指的是照片内容的美，另一方面指的是照片中的构图、色彩等方面的美。新闻照片如果比较美，会对其传播效果有积极的促进作用

2.认知功能

新闻照片具有强烈的认知功能，是人们认知世界的一个重要手段。通过新闻照片，读者可以看到一幅幅逼真的场景，从中可以得到最直观的视觉形象，这些视觉形象可以给读者很多的启示，能够提高读者认识世界和改造世界的能力。

3.历史文献功能

从摄影技术诞生起，新闻照片就一直具有历史文献的功能。概括来说，新闻照片的历史文献功能主要在以下几个方面得到了凸显。

第一，通过拍摄战争中的人与事等记录人类的战争史。

第二，通过拍摄重大灾难等记录人类的灾难史。

第三，通过拍摄社会上发生的重大政治事件记录人类的政治史。

第四，通过拍摄重大的发明及发现等记录人类文明的发展史。

4.教育功能

新闻照片的教育功能是指受众通过照片能够从中得到启示，即照片能够对受众起到道德教育、审美教育、情感教育的作用。好的新闻照片会直接或间接地反映作者的某种观点或者立场，受众在看到照片时，自然而然地就可以从中受到启发。

5.审美功能

读者在看到美的新闻照片时，会被照片吸引，能够从中得到美的感受、美的熏陶、美的教育和美的感受，并引起情感上的共鸣。

（四）新闻照片的题材

根据不同的标准，可以将新闻照片的题材分为不同的类型（见图6-6）。

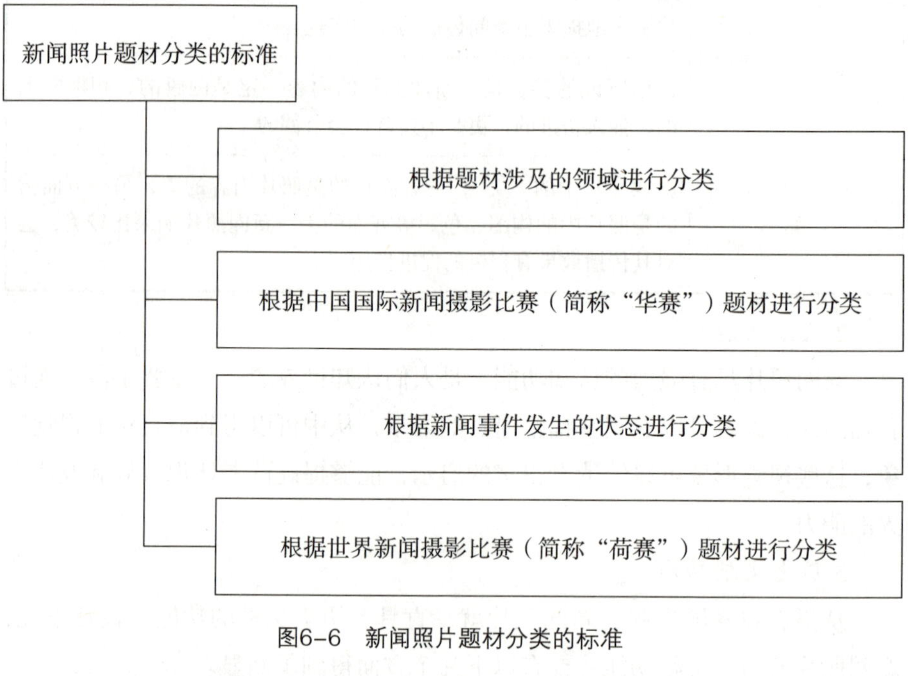

图6-6　新闻照片题材分类的标准

1.根据题材涉及的领域进行分类

根据题材涉及的领域，可以将新闻照片分为政治新闻照片、经济新闻照片、军事新闻照片、体育新闻照片、文教新闻照片、科技新闻照片、法治新闻照片等。

2.根据中国国际新闻摄影比赛（简称“华赛”）题材进行分类

根据中国国际新闻摄影比赛（简称“华赛”）题材进行分类，可以将新闻照片分为以下八类。

第一，日常生活类。

第二，战争与冲突类。

第三，灾难与疾病类。

第四，一般新闻类。

第五，自然与环境类。

第六，经济类。

第七，体育类。

第八，科技与文化类。

3.根据新闻事件发生的状态进行分类

根据新闻事件发生的状态，可以将新闻题材分为以下几类。

第一，突发性新闻照片。

第二，资料性新闻照片。

第三，可预见性新闻照片。

4.根据世界新闻摄影比赛（简称“荷赛”）题材进行分类

根据世界新闻摄影比赛（简称“荷赛”）题材进行分类，可以将新闻题材分为以下几类。

第一，当代热点类。

第二，日常生活类。

第三，一般新闻类。

第四，长期专题项目类。

第五，自然类。

第六，人物类。

第七，体育类。

第八，突发新闻类。

（五）新闻照片的体裁

新闻照片的体裁主要包括以下几种（见图6–7）。

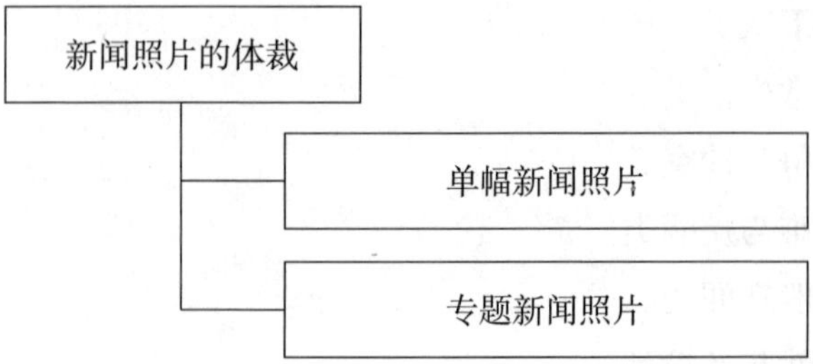

图6–7　新闻照片的体裁

1.单幅新闻照片

单幅新闻照片就是用一张照片中所抓取的人物或者事件的经典瞬间，向受众展示新闻发生过程中最重要的情景或者人物的个性特征。单幅新闻照片具有以下优势（见表6–2）。

表6–2　单幅新闻照片的优势

单幅新闻照片的优势	具体阐述
信息高度浓缩	新闻中出现的单幅照片一定是经过千挑万选的，这张照片一定是抓取的某个经典瞬间，虽然只选取了一张照片，但这张照片同样可以带给受众所需要的大量信息，所以说，这张照片一定具有信息高度浓缩的特点
占用版面少	新闻的版面通常是固定的，如果采用单幅照片的话，所占用的版面会相对较少，版面就可以放入更多其他的新闻。而如果是一组照片，所占用的版面就多
可以有效发挥照片的视觉冲击力	对于特别优秀的单幅照片，新闻编辑一般会着重处理，使其具有最强的视觉冲击力。而如果是一组照片，编辑通常不会这样进行处理，因为即使给一组照片一个版面的空间，其中任何一张照片的冲击力都不如单幅照片的视觉冲击力强

2.专题新闻照片

专题新闻照片是指由多幅新闻照片组成的一个整体，这些新闻照片配上一定的文字说明，能够深入地对事件的发展过程进行描述。需要注意的是，组成专题新闻的照片不能出现雷同的情况，应该从多角度和不同的侧面对事件的发生和发展等进行报道。

（1）专题新闻照片的分类

①新闻人物专题照片

新闻人物的专题照片可以显示新闻人物在新闻场景中的不同表情和手势，也可以显示他们在不同情况下的生活。通过新闻人物的专题照片，读者能够加深对人物的深刻理解。

②新闻事件专题照片

通过观看新闻事件专题照片，可以让读者对新闻事件的前因后果等有大致的了解。

（2）专题新闻照片的构成

专题新闻照片是由多幅照片、标题、总说明和分说明四部分组成的。其中，标题起到一个总的统领作用，它必须抓住新闻中所报道的人物或者事件的本质，具有画龙点睛的作用。总说明具有深化标题的作用，主要是对新闻报道中人物或事物的一个综合性说明，有时还要交代图片中表达不清楚的内容。分说明就是对每幅照片的内容所作的说明。需要注意的是，对于图片中很明显能看出来的内容就不用说了，只需要说明图片中想要表达但是没有清晰表达出来的内容即可。所做说明的字数不需要太多，一两句话即可。

（3）专题新闻照片中对照片的具体要求

第一，专题照片中的照片必须是从不同的角度和侧面对新闻的深入描述，照片不可以是简单的拼凑。

第二，照片中的内容不能重复，照片之间应有连接的关系，画面之间的过渡应流畅。

第三，每张照片都应该体现整体的构思，并且形象饱满，具有极强的感染力。

二、新闻照片的选择

（一）新闻照片的审视

新闻照片来源于四面八方，既有专业的新闻记者拍摄的，也有新闻工作爱好者所拍摄的，这就决定了照片的质量必定会参差不齐，需要编辑对其进行重新审视。具体来说，新闻照片审视的标准主要包括以下几个方面。

（1）照片必须是真实的，没有作假的痕迹，这是新闻照片能否被选用的最基本原则。

（2）对于新闻照片，新闻编辑一定要把好质量关。对于新闻照片的质量，可以从以下两方面来考虑。

第一，对新闻照片所具有的新闻价值进行评价。即新闻照片所反映的内容是否具有重要性、时效性和趣味性等。

第二，对新闻所具有的审美价值进行评价。即新闻照片是否具有新颖性，能否给读者带来美感。

（3）新闻编辑一定要考虑到受众的需要，在对稿件进行审视时，心里一定要装着读者。在选择好了照片之后，一定要设身处地地为受众考虑，将自己看成一个普通的受众，从受众的角度查看所选择的照片能否给自己带来需要和满足。

（二）新闻照片的选择标准

新闻照片的选择应参考一定的标准，概括起来，这些标准主要包括以下几个方面（见图6-8）。

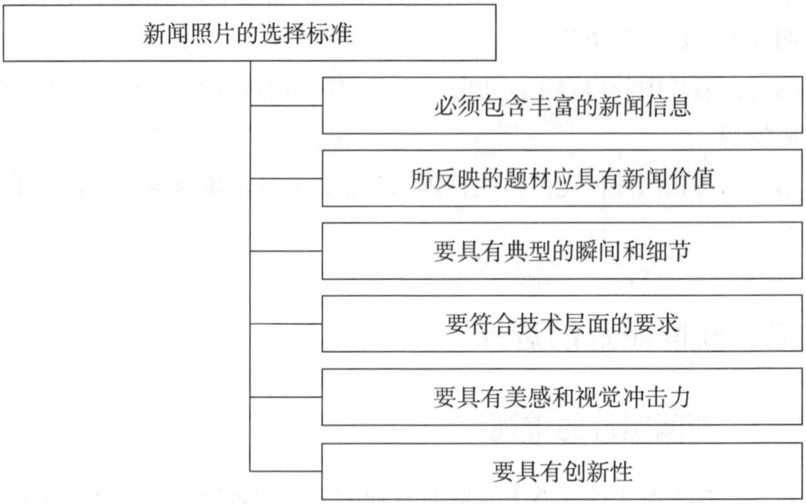

图6-8　新闻照片的选择标准

1.必须包含丰富的新闻信息

最理想的新闻照片是让受众看到平常不能经常看到的人或事，能够给读者一种新鲜的感觉。新闻照片应该能够对新闻事实有一个清晰的记录，所记录的内容应具有完整性。当受众看到新闻照片时，能够对其所反映的新闻事实有一个大致的了解。

2.所反映的题材应具有新闻价值

在选择新闻照片时，要看新闻照片是不是当前的热点和难点问题，报道后是否会产生巨大的影响等。总体而言，不同的受众对新闻照片有不同的要求，一般情况下，反映和平与战争、环境保护等重大题材的新闻照片是新闻编辑会首先选择的。

3.要具有典型的瞬间和细节

新闻照片通常展示的都是事物发展的某个瞬间，这个瞬间只有是经典瞬间的时候才有可能被新闻编辑采用。另外，新闻照片必须具有合乎事物发展的准确性的特点，其所反映的细节一定要足够吸引受众的注意力。总之，不管是记录瞬间还是记录细节的照片，在照片中最好有人出现，因为这样的照片才有可能生动感人。

4.要符合技术层面的要求

如果照片拍摄的技术质量达不到要求，那么照片所传递信息的准确度和视觉感染力也会受到相应的影响。所以说，选择的新闻照片一定要符合技术层面的要求。

5.要具有美感和视觉冲击力

新闻照片要具有美感，要能够给受众一种视觉上的享受，从而引起受众情感上的共鸣。另外，随着社会的不断发展，受众每天的阅读时间是有限的，要想吸引读者的眼球，所选择的新闻照片一定要具有视觉冲击力，以激发受众阅读的兴趣。

6.要具有创新性

摄影师应该科学合理地安排构图，对图中的文字说明要准确和生动。要想让新闻照片成为版面中的亮点，具有创新性的照片是新闻编辑重点选择的对象。

三、新闻照片的编辑

（一）新闻照片的剪裁

在对照片进行初步选择之后，需要根据实际情况对照片进行剪裁。新闻照片的剪裁是指在对新闻照片编辑的过程中，为了达到立体突出或者形式完美等效果而对照片结构进行技术处理的手段，是编辑对新闻照片的一种再加工和再创造。

1.新闻照片剪裁的原则

新闻照片剪裁的原则应包括以下几个方面（见图6-9）。

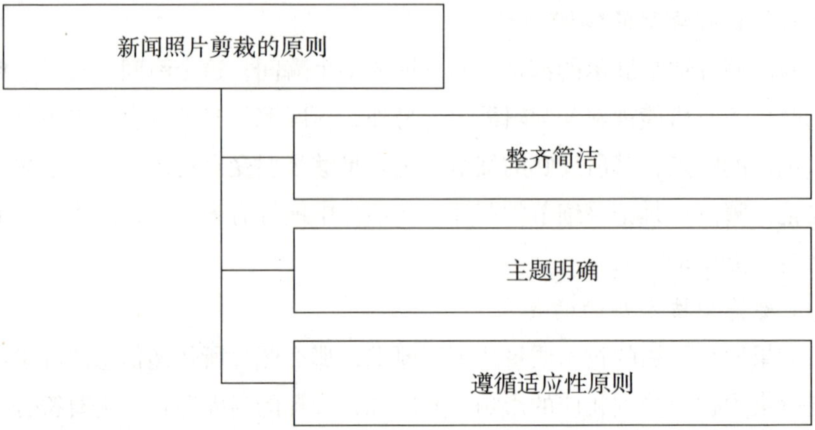

图6-9　新闻照片剪裁的原则

（1）整齐简洁

现代社会的生活节奏加快，人们的思维都倾向于简洁，所以，新闻照片在剪裁时一定要注意整体简洁的原则。有些新闻照片看起来密密麻麻的，让读者的目光无从落实，此时，新闻编辑就应该将照片中没有必要的内容删掉。只有整齐简洁的照片才能使主体鲜明，才能使照片更加具有视觉冲击力，更能够让读者主动阅读。

（2）主题明确

新闻编辑在对新闻图片进行剪裁之前，应首先了解新闻照片所要表达的主题。有的照片由于其中的形象太多，显得非常杂乱，而且不知其所要表达什么内容，对此，新闻编辑在了解到相关信息之后，要对其进行删减，将最能体现照片思想内容的部分留下，使其主题明确，读者通过照片就可以领会其要表达的意义。

（3）遵循适应性原则

在对新闻照片进行剪裁时一定要遵循适应性的原则，使照片的风格、大小等与报纸的性质以及所在的版面相适应。

2.新闻照片剪裁的作用

新闻照片的拍摄者在拍摄照片时曾经对画面进行了一次构思取景，但在拍摄过程中由于受到某方面的限制，最终导致构图不合理，这就需要后期新闻编辑对其进行相应的裁剪，改变照片的构图结构。概括来说，新闻照片剪裁具有重要作用，主要包括以下几个方面（见图6-10）。

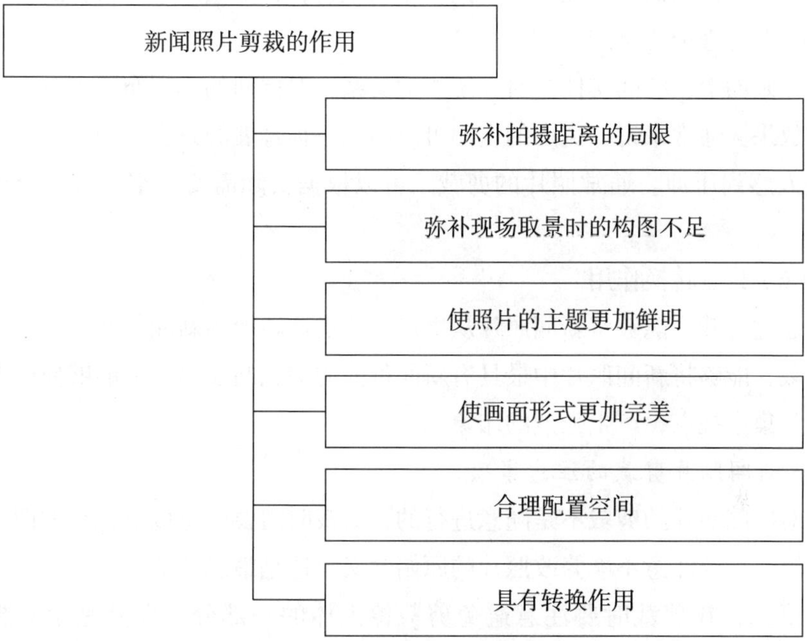

图6-10　新闻照片剪裁的作用

（1）弥补拍摄距离的局限

在拍摄新闻照片的过程中，很多新闻记者因为种种原因无法近距离拍摄，从而使一些与主体无关的事物进入照片。通过后期的剪裁，可以改变构图，从而弥补拍摄距离的局限。

（2）弥补现场取景时的构图不足

新闻事件的发生往往转瞬即逝，很多时候，新闻记者在拍摄照片时来不及多想，仓促中拍下有价值的照片，难免会使照片显得比较杂乱，通过后期的剪裁，就可以使照片中的画面构图显得更加完善。

（3）使照片的主题更加鲜明

新闻记者所拍摄的每幅新闻照片都是要传达一定的主题思想，这些主题思想是通过照片表现出来的。通过剪裁，可以去掉照片中比较杂乱的部分，从而使主题更加鲜明。

（4）使画面形式更加完美

剪裁是为了更好地表达照片中的内容，使主体更加突出。同时，也可以利用剪裁，使画面中的光、形、色等得到统一，让受众从中获得美的享受。

（5）合理配置空间

在画面上，空间实体是对立统一的关系，对空间的不同布置可以产生不同的效果。通常来说，宽广的空间可以给人一种舒展的感觉，而狭窄的空间则使人感到压抑。通常照片的剪裁，可以根据实际需要对空间进行合理的布置。

（6）具有转换作用

通过剪裁，能够将新闻照片从摄影状态迅速转换为新闻状态。也就是通过剪裁，能够将新闻照片中最具有新闻价值的信息凸显出来，能够使读者通过照片集中视点，产生强烈的印象。

3.新闻照片剪裁的注意事项

对新闻照片的剪裁不是随意进行的，剪裁时需要注意以下几个方面。

第一，要注意不能修改照片的原始含义，这是最忌讳的。

第二，在剪裁时要注意避免剪裁掉人体的一部分，尤其是手、脚等部位。

第三，一定不要为了填充固定的版面而将新闻照片剪裁得乱七八糟、奇形怪状，这样就改变了照片剪裁的初衷。

（二）新闻照片的编排

1.新闻照片编排的要求

第一，新闻照片的大小和位置设置应该服从于版面的要求。重点的照片应该被安排在版面上重要的区域，而一般的照片则应该被安排在靠近主题相关的文字报道位置。

第二，在编排同一版面内不同类型的新闻照片时，应力求版面平衡与对称。

第三，在编排新闻照片时，应该形成版面向心力，也就是说在编排照片时，照片中的主要人物应该面向版心。

第四，在编排同一主题的新闻照片时，可以进行大小组合的配置方式。

2.单幅新闻照片的编排

单幅新闻照片可以分为独立新闻照片、插图新闻照片和栏目新闻照片三类（见表6–3）。

表6–3　单幅新闻照片的分类

单幅新闻照片的分类	具体阐述
独立新闻照片	独立新闻照片就是以独立的形式存在的新闻照片，其本身就是一种完整的新闻报道形式，虽然这种新闻照片也是需要文字说明的，但是文字只是起到了补充的作用，新闻照片是主角，而对其进行补充的文字只是配角
插图新闻照片	插图新闻照片是配合文字刊发的一种新闻照片。通常情况下，插图新闻照片是和文字一起说明同一个新闻内容的。新闻照片是对文字的补充，只是为了更好地将文字内容表达清楚，使文字更形象且有说服力
栏目新闻照片	有一些媒体还会开设专门的栏目用来刊登新闻照片，这些栏目有固定的名称，是围绕一定的主题来选择稿件和照片的，在一定时期内定期或者不定期进行刊发

3.成组新闻照片的编排

成组新闻照片编排的方式主要有以下几种（见表6–4）。

表6-4　成组新闻照片的编排方式

成组新闻照片的编排方式	具体阐述
齐列式	齐列式就是将新闻照片整齐地进行排列，照片的形状以及大小等完全相同。这种排列方法的优点是看上去非常整齐，给人一种视觉上的美感。但其缺点也非常明显，就是会显得比较呆板
叠压式	叠压式的排列方法就是将大照片作为底部，将小照片都放在大照片之上。这种排列方式的优点是比较节省版面，整组新闻照片看起来浑然一体。但缺点也比较明显，即小照片放置的位置处理不好，就会对大照片的效果产生不良影响
咬合式	咬合式的排列方法就是每组照片中的每张照片相互咬合，仿佛你中有我，我中有你。这种排列方式的优点是能看出照片之间相互关联，联系紧密。缺点是如果处理不当，就会使这些照片看起来杂乱无章

（三）新闻照片中的文字说明

1.新闻照片中文字说明的作用

新闻照片中的文字说明主要具有以下几个方面的作用。

第一，补充交代清楚新闻照片中无法说明的新闻要素。

第二，补充说明与新闻照片相关的一些背景资料。

第三，凸显或深化图片着重表达的主体含义。

2.新闻照片中文字说明的编写

新闻照片中文字说明的编写应该遵循一定的原则，概括来说，这些原则主要包括以下几个方面（见图6-11）。

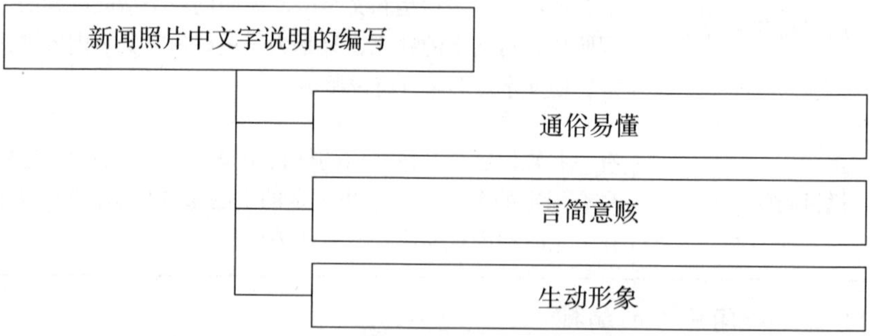

图6-11　新闻照片中文字说明的编写

（1）通俗易懂

新闻照片的主要功能是向受众传递各种信息，所以，新闻照片中的文字说明一定要通俗易懂，可以将信息有效地传递给受众。

（2）言简意赅

新闻照片中的文字说明一定要言简意赅，要用最简短的语言将图片所要表达的内容解释清楚，切忌长篇大论，以免喧宾夺主。

（3）生动形象

新闻照片中的文字在做到言简意赅和通俗易懂的前提下，还应该使文字内容生动感人，以激发起受众的情感共鸣。

3.新闻照片中文字说明存在的问题

目前，新闻照片中文字说明存在的问题主要包括以下几个方面（见表6-5）。

表6-5　新闻照片中文字说明存在的问题

新闻照片中文字说明存在的问题	具体阐述
说而不明	许多新闻图片虽然有文字说明，但这些文字说明没有把图片的内容写清楚，受众读后仍然对图片的内容有些模糊。为了避免出现这一情况，在撰写新闻照片的文字说明时应该保持新闻要素齐全
用语不当	用语不当是指新闻照片中的文字说明使用了不恰当的文字对照片进行解释，这是特别需要警惕的。新闻照片的文字说明，虽然简短，但一定要重视，对每字每句都要进行斟酌，以保证准确无误
详略失当	详略失当是指对一些比较重要的信息描述不当，反而对一些细枝末节做了详细分析
拖沓老套	新闻的语言要求准确、新颖、简短等，新闻照片中的文字说明同样具有这样的要求。所以，新闻照片中的文字说明一定要忌讳拖沓老套，应写得生动有趣、简洁明了

（四）编辑新闻照片时应注意的几对关系

编辑新闻照片时应注意以下几对关系（见图6-12）。

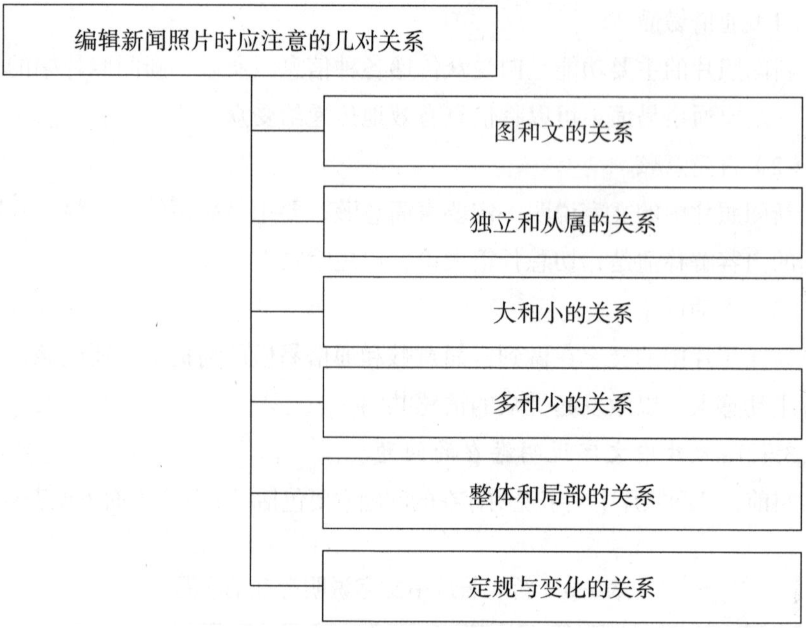

图6-12　编辑新闻照片时应注意的几对关系

1.图和文的关系

新闻照片与新闻照片中的文字说明要保持相互配合、相互补充的关系，二者取长补短，相得益彰，谁也不能取代谁。

2.独立和从属的关系

通常来说，要素简明、形象生动的新闻照片更适合进行独立报道，而比较抽象的、信息含量比较复杂的图片则应该以文字为主，然后再配以照片进行说明。虽然新闻照片只是新闻事件发生的一个瞬间，但其所传达的信息要比单纯的文字更为生动和具体，可以让读者用最短的时间对所发生的事件有所了解。

3.大和小的关系

新闻照片如果用的太小，有的时候甚至连照片的细节都看不清楚，这显然是不行的。新闻照片过大也是不能取得理想的效果的。对于新闻编辑来说，新闻照片是用大的还是用小的，要根据实际情况来确定，如果是特别重要的新闻图片，应该使用大的照片。而对于那些不重要的、视觉冲击力不强的照片，即使将其放得再大，也达不到应有的效果。

4.多和少的关系

新闻照片用的多或者少，要根据实际情况来决定。对于多和少，并没有统一的规定，有的媒体主张多用照片，而有的媒体则比较喜欢选用具有代表性的照片来反映新闻事实。至于效果，多有多的优势，少也有少的优势，照片只要选取得好，都能达到期望的效果。

5.整体和局部的关系

在对新闻照片进行编辑时，一定要注意整体和局部的关系。从局部上来说，要注意新闻照片和文字说明的搭配，同时还要考虑整体上取得的效果。在使用新闻照片时，哪个居于主要位置，哪个居于次要位置，哪个要进行编辑，哪个不需要，都要从整体上进行考虑。在处理整体与局部的关系时，一定要遵循以下原则。

第一，要主次分明，不能平均使用版面。

第二，不碰图、不破栏。不应把不相干的照片放在一起使用。

第三，布局合理，使图文相互补充。

6.定规与变化的关系

从形式上看，不同的媒体在使用新闻照片时都会有自己的规定，以体现出本媒体的特色。这些规定是媒体在长期的发展过程中为了延续自己的风格而形成的。对于这些规定，不能随意违反，但在既有需要也有可能的情况下，如果做出适当的改变，也会给读者耳目一新的感觉。

第三节　新闻漫画的编辑与应用

一、新闻漫画概述

（一）新闻漫画的概念

新闻漫画是对新近发生的事实进行传播或评论的漫画，它既要具有新闻价值，同时又要遵循漫画的创作规律，是一种形象化的新闻传播手段（见

图6–13）。[①]

图6–13 新闻漫画

（二）新闻漫画的功能

新闻漫画的功能主要包括以下几个方面（见图6–14）。

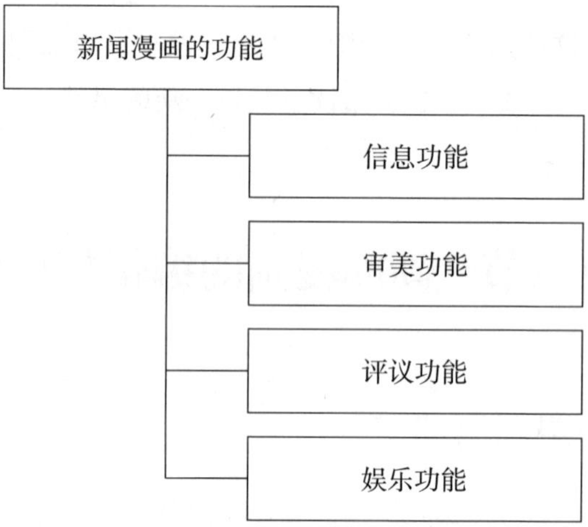

图6–14 新闻漫画的功能

①《新闻编辑》编写组. 新闻编辑[M]. 北京：高等教育出版社，2017.

1.信息功能

新闻漫画是通过比较形象化的手段向受众传递各种信息，这些信息是受众想了解但是还没有了解的内容。所以说，信息功能是新闻漫画所具有的显著功能。

2.审美功能

好的新闻漫画能够给受众带来一种审美的愉悦，对于媒体来说，只有注重新闻漫画的审美功能，新闻漫画所具有的其他功能才有可能实现。因为如果新闻漫画令人生厌，就不能激发读者阅读的兴趣，其他功能也就无从谈起。

3.评议功能

新闻漫画除了具有信息、审美等功能外，还具有评议的功能，也就是说，新闻漫画也可以在反映新闻事实的基础上发表对新闻事件或者人物的看法。一幅好的漫画，读者可以从中了解到复杂事物的本质及产生的影响。

4.娱乐功能

新闻漫画本身就具有幽默的特点，具有显著的娱乐功能，这种功能不会使其他功能受到影响，反而会使其他功能得到增强。对于读者来说，他们更喜欢有趣的新闻信息，希望可以通过轻松的方式获得自己想要的新闻信息。

（三）新闻漫画的类型

新闻漫画的类型主要包括以下几个方面（见图6–15）。

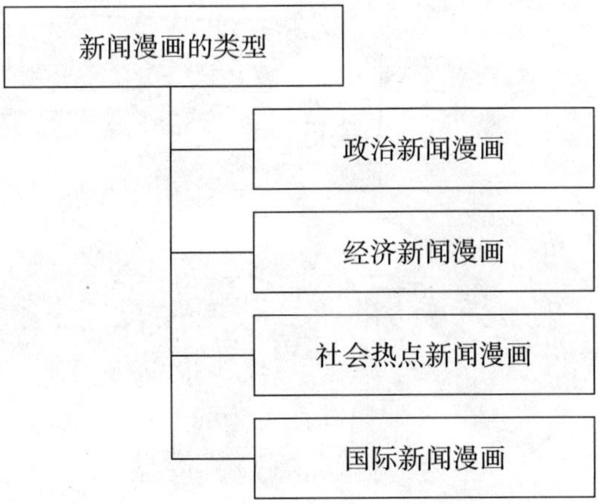

图6–15　新闻漫画的类型

1.政治新闻漫画

政治新闻漫画是指反映重大政治新闻事件的漫画作品，通过好的政治新闻漫画作品，可以生动形象地反映出政治事件中所蕴含的本质（见图6-16）。

图6-16　反腐倡廉政治新闻漫画

2.经济新闻漫画

经济新闻漫画是指对经济领域的新闻事件进行反映的新闻漫画作品（见图6-17）。

图6-17　降准降息的经济新闻漫画

3.社会热点新闻漫画

社会热点新闻漫画就是反映社会上存在的热点问题的漫画。在社会急剧变革的时期，无论是教育领域、科学领域、医疗卫生领域还是环境领域等都存在着各种各样的社会热点问题。比如，在教育领域中，减负问题就是一个社会普遍关注的热点问题；在医疗领域，老百姓看病难、看病贵等也是热点问题（见图6–18）。

图6–18　社保的新闻漫画

4.国际新闻漫画

国际新闻漫画具有时事性和评论性，是一种非常具有代表性的新闻漫画。国际新闻漫画所反映的内容，是最近发生在世界范围内的比较受人关注的新闻事件（见图6–19）。

图6-19　国际消除贫困日漫画

二、新闻漫画的编辑

新闻漫画是体现编者意图的一种有力的工具，同时也是媒体对公众发言的一种手段。所以，新闻编辑一定要重视对漫画的编辑，在编辑新闻漫画时，应遵循以下原则（见图6-20）。

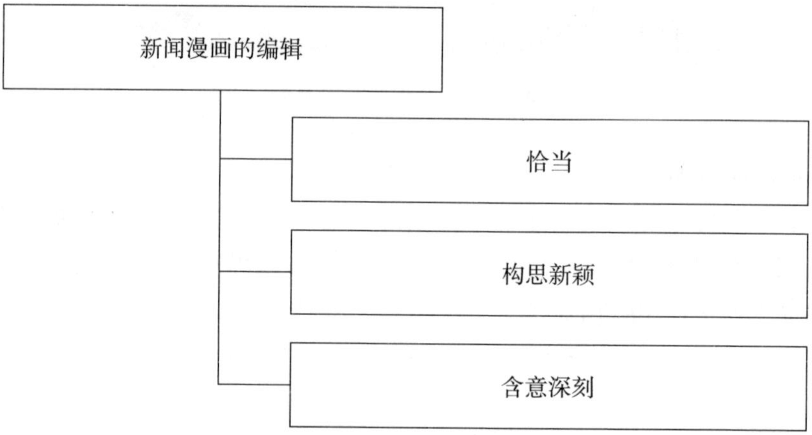

图6-20　新闻漫画的编辑

（一）恰当

在编辑新闻漫画时一定要遵循恰当的原则，这里的恰当原则主要包括两个方面。

第一，漫画中所选取的讽刺对象要恰当，要注意讽刺的社会效果，有一些不良的社会现象，虽然确实应该被批评，但在批评时也要遵循一个尺度，要恰当，与人为善，一味地讽刺打击是解决不了任何问题的。

第二，漫画虽然比较注重幽默和夸张，但是一定要避免浮夸，对于一些失足者的讽刺，一定要注意分寸，切忌将其描绘得不可救药，过于夸张就会走向反面。

（二）构思新颖

新闻漫画的一个重要作用就是让读者在看完漫画之后能够从中受到一定的启发，为了达到这一目的，在对新闻漫画进行编辑时，一定要构思新颖，选取好角度，使其具有艺术表现力。

（三）含意深刻

一幅好的新闻漫画，不仅要让读者看到后感到惊喜，还要使读者看到后能够从中受到某种启发，回味无穷。所以说，在对新闻漫画进行编辑时一定要遵循含意深刻的原则。

三、新闻漫画在版面中的应用

如图6–21所示，新闻漫画在版面中应用时应注意以下几点。

（一）注意分寸

新闻漫画基本都具有讽刺的特点，所以，注意分寸是新闻漫画在版面应用时应注意的重要问题。为此，一幅成功的漫画必须做到既要起到警示作用，又不刻意歪曲、故意扩大、丑化矛盾点。否则，一方面漫画起不到应有的讽刺效果，另一方面也违背了新闻报道公正、客观、真实原则。

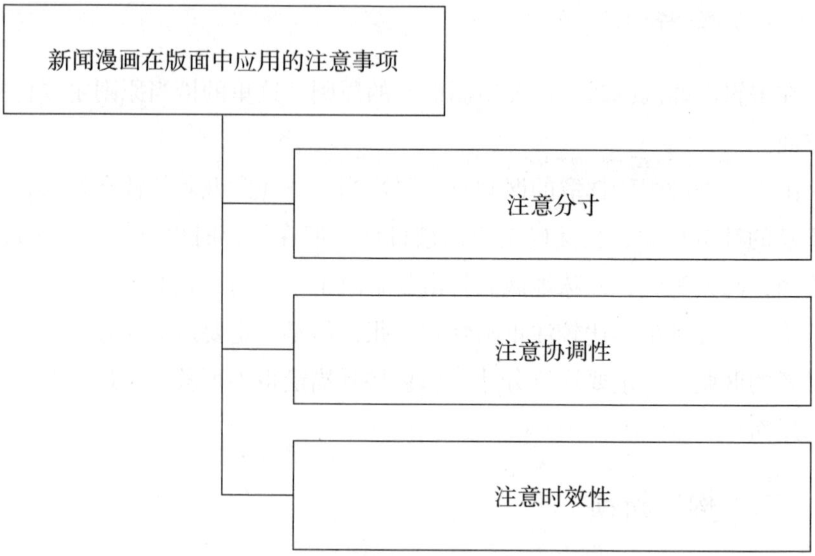

图6-21　新闻漫画在版面中应用的注意事项

（二）注意协调性

在使用新闻漫画时，还要注意其是否与整个版面的风格相协调。如果一份报纸的各个版面都是非常严肃的，通常是不刊登新闻漫画的，为了与整个版面的风格相协调，新闻漫画还是应该少用或者不用，否则就会因为非常突兀而引起读者的反感。

（三）注意时效性

新闻漫画越是注意时效性，就越能受到读者的欢迎。提高新闻漫画有效性的一个重要方法就是要善于发现，发现了有价值的新闻之后要及时进行创作，然后迅速让新闻编辑进行专业的处理，尽早与受众见面。另外，提高时效性的另一个重要方法是，新闻编辑可以直接将所要发表的漫画的题目告知漫画家，让其迅速创作，并在创作的过程中提出相应的意见。

第四节　新闻图表的类型与应用

一、新闻图表概述

（一）新闻图表的概念

新闻图表是指运用于报纸、杂志、电视、网络等视觉新闻媒体的一种视觉新闻报道形式，它通过图、表、数字、文字等元素对新闻事实进行条理明晰、直观形象的报道，传播相关新闻信息。[①]

（二）新闻图表的功能

新闻图表具有显著的功能，主要包括以下几个方面（见图6–22）。

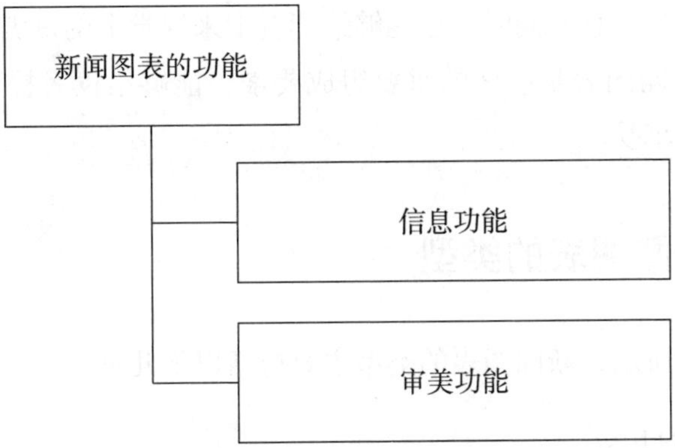

图6–22　新闻图表的功能

1.信息功能

作为视觉新闻报道的一种重要形式，新闻图表在实现信息传递方面具有独特的优势，概括起来，这些优势主要包括以下几个方面（见表6–6）。

①《新闻编辑》编写组. 新闻编辑[M]. 北京：高等教育出版社，2017.

表6-6　新闻图表实现信息传递的优势

新闻图表实现信息传递的优势	具体阐述
信息整合	新闻图表就是将图、表、符号、数字、文字等具有抽象性的文字纳入其中，使得这些抽象性的信息能够得到有效组合，从而以最直观易懂的方式传递给读者。所以说，信息整合是新闻图表的一个独特的优势
信息对比	通过新闻图表，能够对其中所包含的信息进行横向和纵向的比较，从而将事物变化的趋势、原因以及各种关系等有效地呈现出来
信息阐释	新闻图表能够综合运用版面元素传达完整的新闻信息，能够对新闻事件从多角度进行分析和解释

2.审美功能

新闻图表的审美功能主要体现在以下几个方面。

第一，新闻图表既是对创作者思维的体现，也是对创作者的艺术能力的体现，其在传递信息的同时，还能够给读者带来视觉上的审美体验。

第二，新闻图表是版面的重要组成要素，能够给读者提供最直观的感受，带来美的享受。

二、新闻图表的类型

如图6-23所示，新闻图表的类型主要包括以下几种。

（一）统计图

简单来说，统计图就是建立在统计基础上的图表，就是围绕着某一个主题进行相关数据的整理和分析，最终将结果用图表的形式表现出来。饼状图、折线图、柱状图等都是常见的统计图。

（二）示意图

示意图是指为了使复杂的内容变得简单而绘制的图。示意图具有以下显著的功能。

第一，示意图能够对数据进行生动形象的解释。

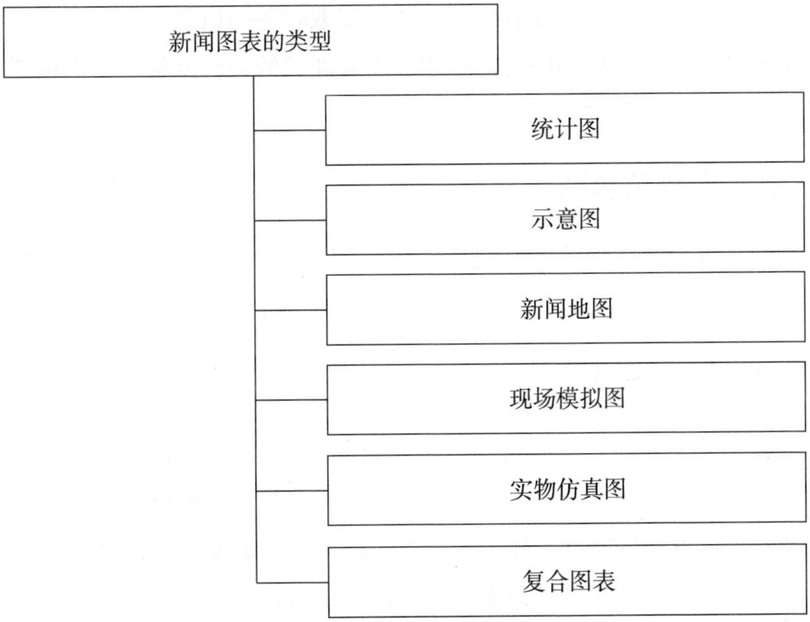

图6-23　新闻图表的类型

第二，示意图的制作者能够借助示意图表达自己的某种情感。

第三，示意图能够将图形、文字以及照片等统一在一个简明的结构中，从而使新闻版面看起来比较整齐。

（三）新闻地图

新闻地图是指将新闻发生地的具体位置等清晰地指示给读者的一种地图，通常是为了配合新闻报道而绘制的，会将与新闻报道具有可比性的相同类型的事物从地理位置上对它们之间的关系进行分析。新闻地图的表现方式比较灵活自由，具备简明扼要、重点突出的特征。

（四）现场模拟图

现场模拟图是指根据新闻事件现场发生的情况而绘制的模拟图。有些情况下，新闻发生时，新闻记者由于某些原因无法到现场去拍摄照片，但后期根据所了解的一些情况，可以对新闻现场的情景进行绘制。这类新闻现场模拟图具有直观的特点，能够给读者最直观的感受。虽然这类图在绘制的过程中不完全正确，但它却可以有效帮助读者获取相关的信息，它的存在具有极强的必要性，而且应得到广泛的应用。需要注意的是，绘制现场模拟图时应尽量保证信息的准确性。

（五）实物仿真图

利用三维制图软件的仿真性制作出来的图表就是实物仿真图。实物仿真图立体、清晰，可以让读者更直观地理解新闻事件。

（六）复合图表

融合了新闻照片、新闻漫画等多种新闻形式的新闻图表就是复合图表，有的复合图表只是新闻照片以及新闻漫画的简单组合，而有的复合图表则是将新闻照片或者新闻漫画等作为与图形、线条等同的要素，使其成为图表的一部分。复合图表有时可以占据整个版面，能够使版面更具有整体感。

三、新闻图表的应用注意事项

在应用新闻图表时应注意以下几个问题（见图6-24）。

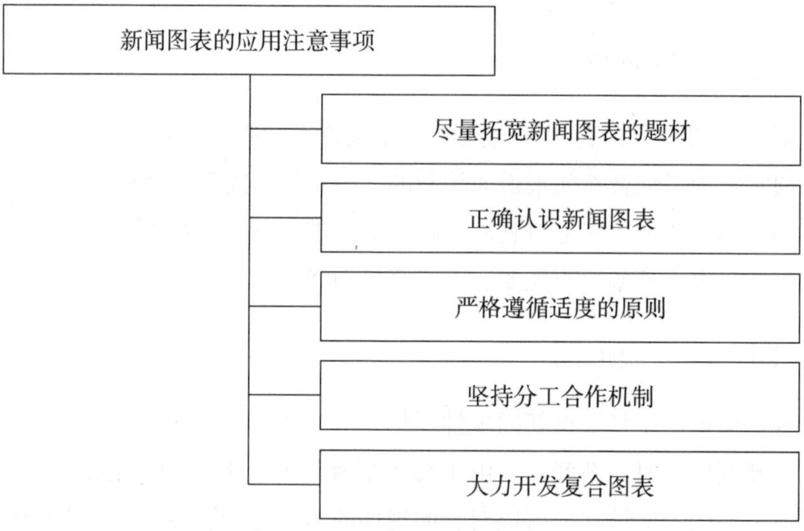

图6-24　新闻图表的应用注意事项

（一）尽量拓宽新闻图表的题材

作为一种独立的新闻品种，新闻图表在各个领域都应该有其可以表现的内容。所以，在应用新闻图表时，应尽量拓宽其表现题材，在政治、经济、社会、文化、军事、艺术等领域都要寻找到适合其运用的空间。

（二）正确认识新闻图表

目前，仍然有很多人对新闻图表没有正确的认识，有的人认为新闻图表只是具有“增色剂”的辅助作用；也有人认为在新闻版面中如果使用了新闻图表，会对新闻信息的传播效果造成消极的影响。对于新闻图表的功能，新闻编辑一定要有清醒的认识，唯有如此，才能更好地发挥其传播作用。

（三）严格遵循适度的原则

在“轻量化阅读”比较流行的当今社会，新闻图表具有独特的优势，视觉的直观性和内容的深入性让这种形式备受青睐。但是，在运用新闻图表时，也应严格遵循适度的原则，不可为了吸引眼球而大量使用新闻图表。新闻图表的使用应该根据实际需要来决定。

（四）坚持分工合作机制

新闻媒体应该引入一批复合型人才，这些复合型人才既要懂得新闻图表的制作，又要熟知新闻知识。为此，需要为这些复合型人才成立专门的新闻图表制作部门，在进行新闻选题策划时，让该部门的人员参与进来。也应该提高新闻文字记者等人的新闻图表素养，使更多的新闻人懂得运用新闻图表来对各类新闻进行报道。另外，还应加强信息的扩张力，将新闻图表的新闻性与艺术性等完美结合。

（五）大力开发复合图表

复合图表是新闻图表发展的趋势，所以，新闻编辑人员应重视复合新闻图表的作用，大力开发复合图表，统筹数字、照片、图表等多种元素，做到寓文于图，最大限度地发挥新闻图表的表意空间和信息传播效用。

第七章　版面编排设计

新闻版面是新闻编辑根据媒体的编辑方针和编排思想，结合当天的稿情，对各类新闻和图片等进行统筹安排的综合性工作。新闻媒体的版面具有鲜明的导向性，所以对其进行合理的编排设计具有重要意义。

第一节　版面的内涵与布局结构

一、版面的内涵

“版面”是指印刷品成品幅面中图文和空白部分的总和。[①]

（一）版面空间

版面空间是指一张报纸的版面所提供的一种客观存在的形式，主要由以下几个方面组成。

①《新闻编辑》编写组. 新闻编辑[M]. 北京：高等教育出版社，2017.

1.版序

版序包括自然版序和视觉版序两个方面（见表7-1）。

表7-1 版序的分类

版序的分类	具体阐述
自然版序	版面的先后次序就是所谓的自然版序
视觉版序	视觉版序所表示的是各版的重要程度。通常认为右边的版要比左边的版好，第一版和最后一版要比中间的版好。之所以会出现这样的认识，主要是由于人们的视觉习惯导致的，所以将其称为视觉版序

2.区序

区序指的是版面上的各个区间。如果将一张报纸按照版面的中心点进行十字折叠的话，可以将其分为四个部分，这四个部分的优势又按照顺时针的方向逐渐递减。

虽然从理论上来说可以将区序分为以上四个部分，但新闻编辑也可以运用一定的编辑手段对这种区分进行相应的改变，例如通过突出标题、增加底纹以及配图等手段对强势不足的版位进行改变。

3.栏和栏序

版面的宽度通常是通过栏数来计算的，纵向将报纸分为了几列，就说明这个报纸具有几栏。栏序是指以强势划分的栏的次序。

4.面积

版面空间中的面积是指版面中的所有元素所占版面空间的大小。

5.距离

距离是指稿件之间空间距离的远近。对于内容上相关联的稿件，编辑在处理时往往将其放在距离较近的位置。但对于那些内容或者感情上存在冲突的稿件，新闻编辑则应根据实际情况进行灵活处理。如果将这些稿件放在一起能够起到对比的效果，就可以将其放在一起排版；如果将其放在一起会出现歧义或者可能会引起读者的不良情绪，那么在排版时就应该将其拉开距离放置。

6.形状

形状是指稿件在版面空间中呈现出来的外形。通常来说，矩形在所有形状中是最具有优势的。但从实际情况来看，在一个以矩形为主的版面上，如果出现了不规则的多边形，这种多边形由于多样性的变化也会变得比较醒目，所以说，这种形状也具有相当强的优势。

（二）版面元素

如图7–1所示，版面元素是指字符、图像、线条、色彩、空白等构成版面实体的元素。

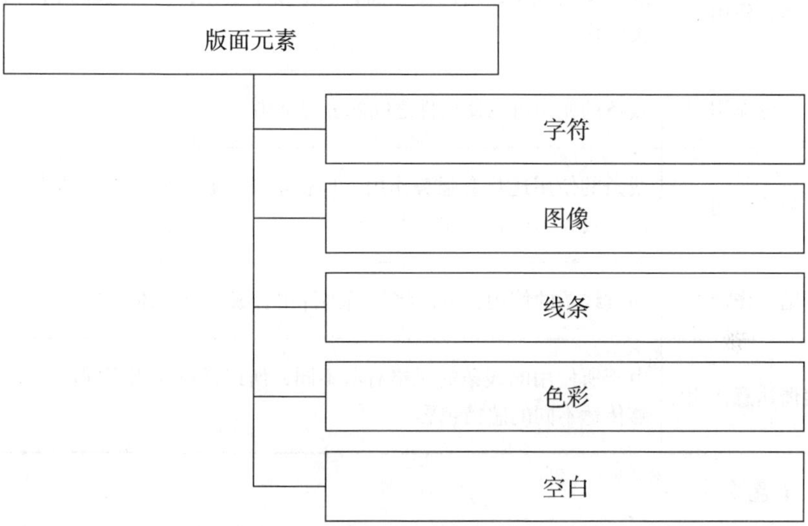

图7–1 版面元素

1.字符

版面中出现的各种中外文字都属于字符的范畴。字符不同风格的字体、字号会对读者产生一定的影响。通常来说，字号大的字符更能引起读者的注意。

2.图像

图像是指版面上的图片与图饰的总称。图饰者是指素描、刊头、栏花、美术字等图案。图像的视觉效果要优于文字，通常来说，如果版面上放置了图片，那么读者首先会看的一定是图片。但这并不是说版面上的图片用得越多越好，应根据版面的实际情况使用图片。即使在需要使用多张图片的情况下，编辑也应该对图片进行合理编排，以免造成杂乱无章的视觉效果。

3.线条

版面上所使用的各种线状与带状的装饰符号就是线条。线条的作用包括以下几个方面（见表7-2）。

表7-2　线条的作用

线条的作用	具体阐述
美化作用	通过使用线条，可以使版面看起来富于变化，同时也起到了一定的美化作用
区分作用	线条的使用可以使稿件之间的分界清晰
强势作用	线条的使用还具有强势作用，也就是说，通过使用不同的线条，可以有效吸引读者的注意力
结合作用	通过线条的使用，可以将几篇稿件组合成一个整体
表情达意作用	由于所使用的线条的风格有所不同，所以通过使用不同的线条也能够传达不同的感情色彩

4.色彩

在版面中使用色彩的元素具有强势的作用。色彩不仅可以用于字体、标题、底纹等方面，还可以用于“套红”或者整个版面。在用于整个版面时，能够极大地渲染版面的气氛；在用于“套红”时，此部分能够与其他部分形成强烈的对比，强势效果显著。

5.空白

空白指的是版面上没有颜色的部分。空白既具有分割的作用，同时也会使版面看起来比较整洁。

（三）版面术语

在新闻版面中经常会使用一些专业术语，下面就对这些术语进行简要阐述（见表7-3）。

表7-3　版面术语

版面术语	具体阐述
开张	开张是以整张新闻纸裁开若干等份数目为标准来表示的报纸面积的大小。一整张的新闻纸为全开，将整张的新闻纸对折成为对开，将对开的新闻纸再次折叠成为四开
报型	报型就是报纸的外形，传统的报纸分为对开报纸和四开报纸。20世纪80年代后出现了“黄金报型”，由于这种报型的比例比较接近黄金分割率，所以得名
报头	报头指报纸刊登报名及附加信息的版位，通常位于第一版的上端，横排报纸的报头通常是在上端偏左的方向放置，竖排报纸的报头通常是在上端偏右的位置放置。一般来说，报头的位置是固定的，但有时也可以根据实际情况临时对报头的位置和字体的颜色进行改变
报眼	报眼是指横排报纸报头右侧的版位，版面不大，但位置比较显眼
天地线	天地线又称为报线，是指版心的上下边线，上端的叫天线，下端的叫地线。一般来说，各版都有天线，只有最后一版才有地线
报眉	报眉是指天线上方位置所印刷的文字和图案，主要包括报名、版次、出版日期等
版心	版心是指一张版面上容纳文字和图片的部分
中缝	中缝是指报纸同一面上两个相对版面之间、中折线两侧的狭长区域，通常可以用来刊登广告、声明等。随着社会的发展，中缝有被取消的趋势，为的是保证版面的整洁
通版	通版是指将报纸上相对的两个版面打通，从而形成两版合一的大版面。通版通常是在需要报道特别重大的事件时才采用的
强势	强势是指版面上能够吸引读者注意力的各种方式和排版手段
头条	头条是指刊登于版面上最重要位置的稿件
双头条	双头条是指在头条位置并列刊登两条规格一致的稿件
倒头条	倒头条是指下半版篇幅和强势都超过头条规格的稿件
假头条	假头条是指处于版面头条的位置，但在版面上少于两栏宽，标题采用的字体、字号较为低调的稿件

续表

版面术语	具体阐述
排版禁忌	排版禁忌是指在排版过程中应该避免的违反新闻传播规律以及美学规律的做法
留白	留白就是在版面上留下空白。在标题或者是图片的周围留白可以使版面看起来比较清爽，同时，留白还具有分割的作用
开天窗	开天窗是指为了新闻检查而被迫抽去稿件，或者是为了吸引读者的注意而故意留取大量的空白。由于这种大面积的留白看起来比较像建筑物的天窗，所以就被称为开天窗
大样	大样是指版面设计完成之后，打印出来供编辑进一步检查和修改的版面样张
清样	清样是指大样在经过多次修改之后不再需要进行修改的样张
倒版	倒版是指在大样或者清样印出来之后，突然接到临时通知需要补充或者撤除其中一些稿件，针对这种情况，新闻编辑不得不对新闻版面重新进行调整

（四）版面的功能

版面具有一系列的实际功能，对于报纸来说，版面的功能主要包括以下几个方面（见图7-2）。

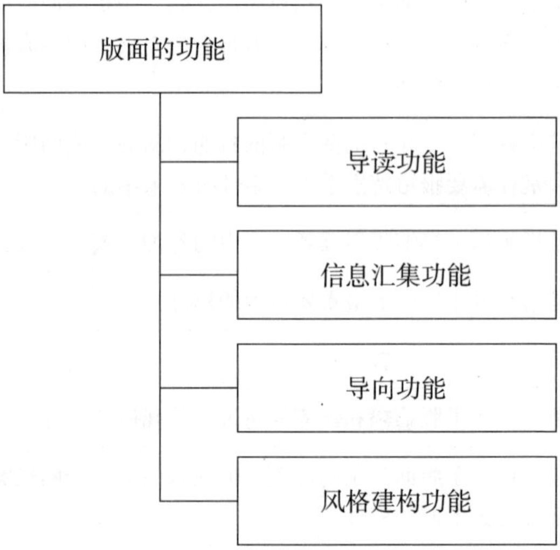

图7-2 版面的功能

1.导读功能

阅读报纸时，如果所有的内容都没有一个合理的排序，那么就很容易造成信息的紊乱。在报纸的版面上，各种信息根据重要程度被安排在不同的版面上，通过版面的编排顺序，可以对读者起到引导的作用。通过导读性的标题对当期的重要新闻以导读的方式进行强调，这直接说明了版面具有导读性的功能。

2.信息汇集功能

版面刊登了各种各样的信息，所以说，版面具有信息汇集的功能。这些信息有的是通过文字呈现的，有的是通过图片呈现的，还有的是通过二者的结合形式呈现的。正是由于版面具有了信息汇集的功能，才使得读者通过阅读一张报纸就可以获得多方面的信息。

3.导向功能

新闻编辑除了可以运用文字评论等方式来引导舆论外，也可以通过版面中存在的含蓄语言进行引导。例如，编辑可以通过一定的色彩或者图案等版面元素进行烘托，也可以在标题中直接加入具有导向性的语言。

4.风格建构功能

报纸的版面排列有序、图文并茂，加上可以进行多种装饰，可以给读者带来美的享受。新闻编辑在对版面进行编排时，总是希望突出自己的特色，避免和其他媒体出现类似的情况。对于独特性的长期追求，就使得版面具有了自己的风格特点。

二、版面的布局结构

版面的布局结构是指编辑用以揭示版面整体与局部、局部与局部关系的组版、呈现方式，可以分为稿群布局结构和题文布局结构两种（见图7–3）。

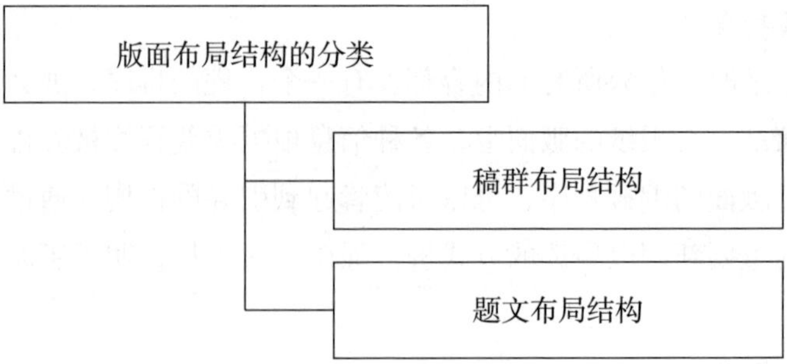

图7-3 版面布局结构的分类

（一）稿群布局结构

稿群是指具有某些联系的一组稿件的统称。对于稿群，需要考虑以下几个方面的关系（见图7-4）。

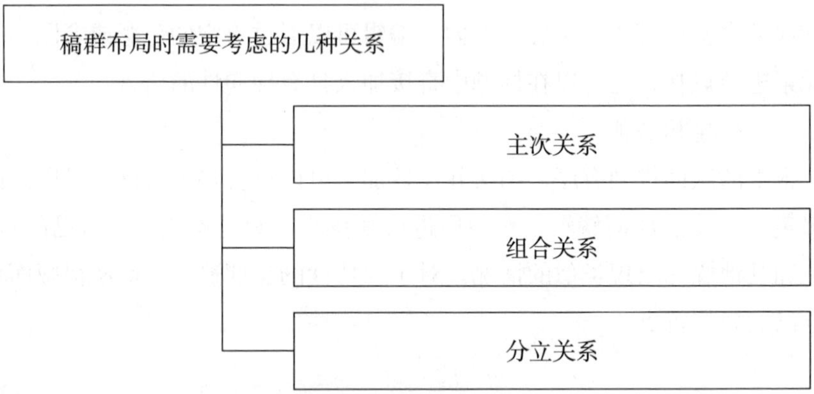

图7-4 稿群布局时需要考虑的几种关系

1.主次关系

在对稿件进行排版之前，需要考虑稿群之间的主次关系。通过稿件具有的新闻价值以及舆论导向需求等判断稿件的主次关系也许并不太难，但如何用适当的编排手段将其呈现出来就具有一定的难度。

具体来说，判断稿件主次关系的方法主要包括以下几种。

第一，根据区序的要求进行判断，然后将其放置在不同的版位上。

第二，利用底纹、加框、周围留白等编排手段突出比较重要的稿件，使主次关系得到呈现。

2.组合关系

对于版面上稿件的组合关系，可以利用稿件在版面上的距离、形状以及色彩等进行揭示。

3.分立关系

分立是指对内容上存在歧义或者是感情色彩上存在冲突的稿件进行隔断或者缓冲的处理。

隔断是指用线条或者空白等将具有分立关系的稿件区别开来。

缓冲是指将具有中性感情色彩的稿件穿插于有感情冲突的稿件之中。

（二）题文布局结构

题与文的布局结构是标题与正文相联系的表现形式，主要包括以下四个方面（见图7–5）。

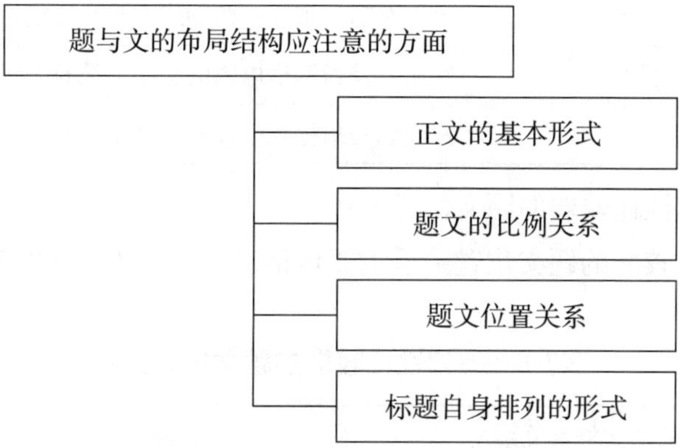

图7–5　题与文的布局结构应注意的方面

1.正文的基本形式

正文的基本形式主要有基本栏和变栏两种。使用基本栏进行排版，可以使版面看起来比较整齐有序，给人一种清爽的感觉；而使用变栏进行排版，可以使排版的形式富于变化，显得比较正式和严肃。

2.题文的比例关系

题文的比例关系主要指的是标题与正文在长度以及厚度方面的比例关

系。当今社会，比较流行标题与正文的文字趋于等宽，除非是特别重要的新闻使用复式标题外，通常都使用单行标题。

3.题文位置关系

题文的位置关系有很多种，不同的题文位置关系在易读性方面具有显著的差异。

（1）易读性比较强的题文位置关系

概括起来，易读性比较强的题文位置关系主要包括以下几种（见表7–4）。

表7–4　易读性比较强的题文位置关系

易读性比较强的题文位置关系	具体阐述
盖文题	盖文题是指正文完全被标题盖住
上左题	上左题是指标题的下方和右侧都有整栏的文字
眉心题	眉心题是指标题的两端都有等宽的整栏文字
串文左题	串文左题是指标题两端或右端有非整栏文字
碑式题	碑式题是指两栏以内的文字上端有一定高度的标题
左竖题	左竖题是指标题竖在横排文字的左侧

（2）易读性比较弱的题文位置关系

易读性比较弱的题文位置关系主要包括以下几种（见表7–5）。

表7–5　易读性比较弱的题文位置关系

易读性比较弱的题文位置关系	具体阐述
文包题	文包题是指标题被正文包围在中心位置
腰带题	腰带题是指标题横向排列，位于文字的中间部位，形状就像是腰带一样，故名
上中心竖题	上中心竖题是指竖题插于文字中间的上端
对角题	对角题是指两篇稿件的标题呈对角的形状
左侧题	左侧题是指标题位于文字的左侧
右竖题	右竖题是指竖式标题立于横排文字的右侧

对于易读性比较弱的题文关系，新闻编辑通常采用全文加框或者是加天地线的方法引导读者阅读，避免出现视觉错位的情况。

4.标题自身排列的形式

标题自身排列的形式复杂多样，横题主要有单行式横题、多行式横题、多行斜列式横题、多行右齐式横题、多行左齐式横题、多行低列式横题、主辅题左右分列式横题等；竖题主要有单行式竖题、多行斜列式竖题、多行半斜列式竖题、低格式竖题。三行题中，横排的有均列式、斜列式、左（或右）齐式；竖排的多行式标题有斜列式、半斜列式。复式标题在版面上的排列形式以均列式为主，传统编辑学教材中介绍的以上标题形式，一般只在专副刊上可以见到。

第二节　版面的编排

一、版面编排的原则

新闻编辑在对版面进行编排时需要遵循一定的原则，概括来说，这些原则主要包括以下几个方面（见图7–6）。

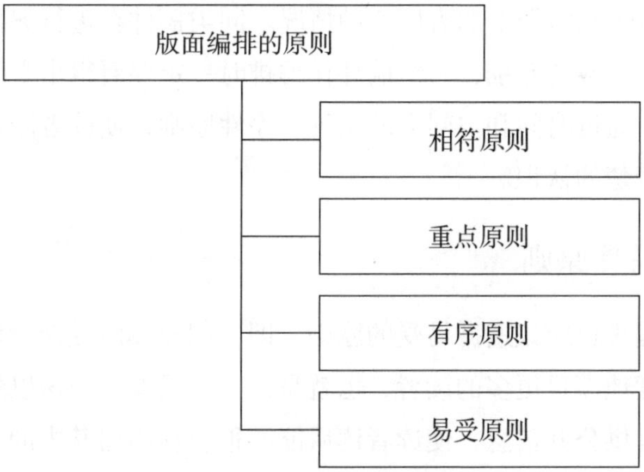

图7–6　版面编排的原则

（一）相符原则

这里所说的相符原则主要包括以下几个方面。

1.要与媒体的性质和特点相符

政治类的媒体比较注重大局意识和政治意识，所以在编排版面方面一定要突出政治性和权威性的特点，在风格上一定要庄重大方。

大众化的媒体则比较关注大众性和社会性，所以，在编排版面时应将重点放在社会民生以及风情民俗等方面，风格应轻松活泼。

2.要与稿件内在的新闻价值相符

对于新闻价值比较大的新闻稿件，在编排上也要下一定的功夫，比如要运用照片、图表、字体字号等多种方式加以强化，使其新闻价值能够得到最大的发挥。而对于价值一般的新闻，则不必在编排方式上大动干戈，以免画蛇添足，弄巧成拙。

（二）重点原则

在日常生活中，人们开展任何工作都要有重点，新闻版面的内容是现实生活的反映，所以，在编排新闻版面时也一定要注意遵循重点的原则。

（三）有序原则

新闻版面在编排时需要遵循有序性的原则，这里所说的有序性主要指的是时间上的有序和空间上的有序两种情况。同类稿件在进行编排时一定要看出其存在的时间上的差别，一组稿件在编排时一定要看得出空间上具有承接转换的关系。通过时间和空间上的编排有序性原则，使读者能够对新闻世界的规律性有清楚的认识。

（四）易受原则

版面的编排也应该遵循易受的原则，即新闻媒体向受众所传递的各种信息应最大限度地满足更多的读者，也就是说，新闻媒体应该以最简单易懂的形式为受众提供公共信息，使读者读后能够很容易明白其中的意思。如果新闻媒体所传播的信息具有易受性，那么就很容易进入传播状态，从而形成良性的循环，反之，如果易受性较差，那么受众很可能就选择其他的媒体去了解相关信息。

二、版面编排的手段

版面编排的手段，就是对标题、字符、图像、线条以及色彩等的编排方法，下面对其进行简要阐述（见图7-7）。

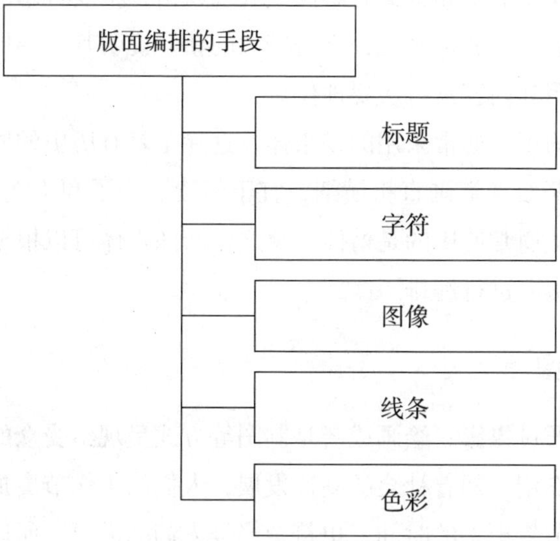

图7-7　版面编排的手段

（一）标题

总体上来说，标题是一种非常具有寓意功能的编排元素。标题所选用的字号等应根据新闻的重要价值确定。通常来说，比较重要的新闻标题采用大的字号，不是特别重要的新闻采用稍小的字号。

新闻标题字体的选用也不可以随心所欲。对于新闻来说，主要目的是传递各种信息，所以，所选用的标题字体不宜过多，通常不超过四种，否则会看上去花里胡哨。当然，标题的字体也不要只选用一种，这样容易导致视觉疲劳。

另外，新闻标题在编排时应该多使用横题，少用竖题，因为横排标题看起来简洁明快。相关心理学的研究也表明，读者在阅读横题时所用的时间比阅读竖题要短。从生理学上分析，人类的眼球左右转动要比上下转动速度快。

（二）字符

字符是一种具有评价功能的元素。由于每一个汉字都具有不同的外形特征，而每一个汉字的字体也具有不同的表现风格，千姿百态的字符能够体现出不同的强势效果。通常来说，字符较大的新闻说明其内容比较重要，字符小的新闻则说明其内容具有次要地位。

我国报纸的正文通常采用的是宋体，这除了具有历史的原因外，还因为宋体字形横平竖直，笔画直粗横细，宜于阅读。为了和正文字体有所区别，评论文章的正文通常使用的是楷体。总之，新闻媒体可以根据实际需要采用合适的字体对版面进行编排。

（三）图像

图像是指通过摄影、绘画或者是制图等方式呈现给受众的形象，具有传递信息等重要作用。随着社会的高速发展，人们的工作节奏加快，通过图片了解信息可以节省更多的时间，更符合当今人们的需要，所以，图片的地位和作用越来越重要。

通过图像，读者可以形象、客观、快速地了解各类信息，图像所提供给读者的各类信息往往更具有感染力。对于新闻媒体来说，所选择使用的图片必须与所报道的内容相符，图像运用得好，就是锦上添花，反之则会弄巧成拙。

（四）线条

线条是版面上用的比较多的一种编排手段，常常采用的是直线、花线等。概括起来，线条的功能主要包括以下三个方面。

1.具有表现强弱的功能

线条具有表现强弱的功能，线条的形状和粗细不同，其所表现的强势程度也不同。通常来说，线条细的不如线条粗的强势，单线条不如粗线条强势。

2.具有区分的功能

线条也具有区分的功能，运用线条可以将不同的稿件清楚地区分开来。另外，有时为了使稿件之间的相互关系一目了然，也会采用线条的方式对其进行提示或者强调。

3.具有美化的功能

线条可以装饰版面，给人一种美的享受。花线以及线形图案的花边等本身就是一种艺术表现形式，这些形式可以穿插在版面的各个组成部分，与版面中的其他要素相得益彰，给人一种富于变化的审美享受。

（五）色彩

以往的报纸空白的地方就是白色，有文字和图案的地方就是墨色。随着社会的不断发展，彩色报纸逐步增多。一个色彩鲜明的版面必然会带给读者耳目一新的感觉，具有非常强烈的视觉冲击力。

第三节　版式的设计与优化

一、版式概述

（一）版式的概念

版式是在报纸版面编排过程中形成的较为固定的基本样式，它是反映报纸某一时期编辑思想、政治态度、审美习惯和版面风格的综合体。①

①《新闻编辑》编写组. 新闻编辑[M]. 北京：高等教育出版社，2017.

（二）版式的类型

根据不同的标准，可以将版式分为不同的类型（见图7-8）。

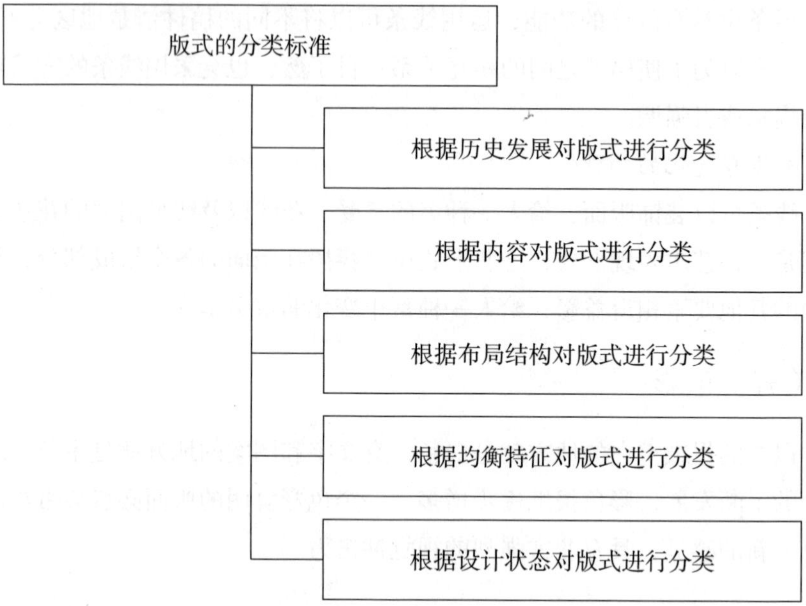

图7-8　版式的分类标准

1.根据历史发展对版式进行分类

从历史的发展角度来看，可以将版式分为以下几种类型（见图7-9）。

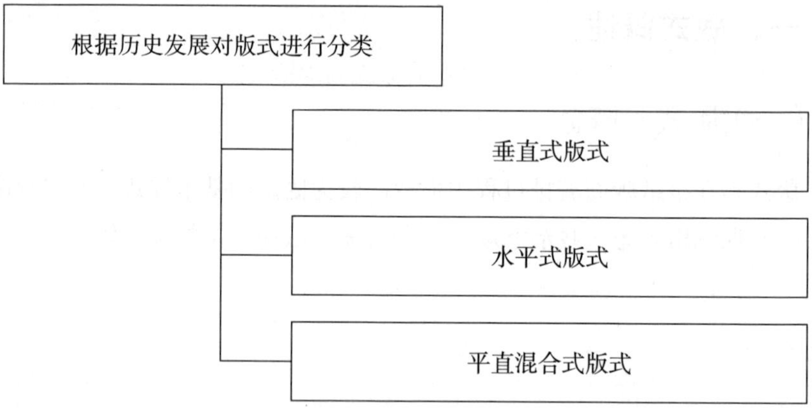

图7-9　根据历史发展对版式进行分类

（1）垂直式版式

垂直式版式是指从上至下进行排版的一种样式。在这种版式中，没有图片，标题和正文是在一个栏内的。从整理上来看呈现的是一个个的竖排结构，所以将其称为垂直式版式。

（2）水平式版式

水平式版式是指横向分布的版面编排方式。这种编排方式适应了人的眼睛左右移动的运动方向，标题是从左向右排列的，而且不限于一栏，可以占到两栏甚至是通栏。

（3）平直混合式版式

平直混合式版式是综合了垂直式版式和水平式版式而出现的一种新的版式。这种版式具有生动活泼的特点。

2.根据内容对版式进行分类

根据内容，可以将版式分为以下几类（见图7-10）。

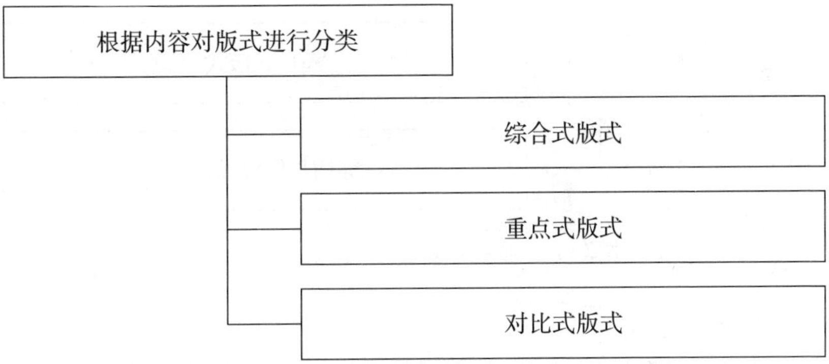

图7-10　根据内容对版式进行分类

（1）综合式版式

一些综合性的报纸由于需要报道的内容非常广，在版面上会刊登许多不同内容的稿件，以使版面具有内容和形式多元化的特点，由此出现了综合式的排版方式，这种排版方式比较灵活，具有生动形象的特点，不容易使人产生视觉疲劳。

（2）重点式版式

重点式版式是指以重点稿件为编排核心的组版方式。所谓的头版头条，就是从这一排版方式发展而来的。采用这种排版方式一定要突出重点稿件，主次分明，使重要稿件和其他稿件交相呼应，形成对比、并列、补充或者是互证的关系。重点式版式是目前运用最多、最广，而且读者也非常熟悉的一种编排方式。

（3）对比式版式

对比式版式是指将内容相反或者是意见相反的稿件放在一起进行编排，以形成鲜明的对比，能够让读者通过对比加深和理解新闻报道的内容。

3.根据布局结构对版式进行分类

根据布局结构，可以将版式分为以下几种类型（见图7–11）。

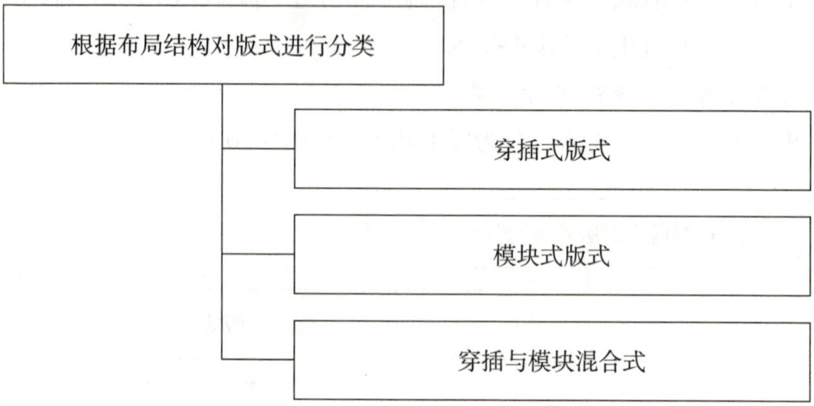

图7–11　根据布局结构对版式进行分类

（1）穿插式版式

为了使版面看起来更加美观，新闻编辑也经常采用穿插式版式，具有较好的传播效果。通常来说，一个版面的文章不可能都是长短一样的，必定会有长的稿件和短的稿件。如果每个稿件都规规矩矩地占一个地方，那么放长的稿件的版面就会显得文字较多，放短的稿件的版面又会显得比较空，所以，为了协调这二者之间的关系，也为了版面更加美观，就会采用穿插式版式，这样可以有效弥补稿件长短不一的情况，使版面布局看起来匀称合理。

这种版式的优点主要包括以下几个方面。

第一，版面上具有紧凑的特点，视觉上显得稳定和均衡。

第二，版面上变化较多，具有灵活性的特点。

第三，适合将一些长稿穿插进别的稿件中，从而使得稿件看起来不那么臃肿。

但这种版式也具有一定的缺点，主要包括以下几个方面。

第一，排版的时候非常不容易，编辑需要考虑的内容太多。

第二，这种版式也不太符合读者的阅读习惯，有时读者的视线需要在两篇稿件中转换，容易引起视觉疲劳。

（2）模块式版式

模块式版式是受到广播电视节目栏目化影响的结果，就是将一份报纸分成若干个独立的版面，再将这些版面分割成一些独立的版块，每一个版块由不同的编辑去组织相关的内容，编辑将内容相同或者相近的内容集中编排起来，然后通过导读加以提示，这种方式可以大大提高编辑的效果，同时也有利于读者阅读。

需要注意的是，这种编排方式容易出现单调和呆板的问题，所以新闻编辑在对版面进行编排时应有效地搭配各种版面要素，提高读者的阅读兴趣。

（3）穿插与模块混合式

在对开报纸的版面上会见到穿插与模块式混合设计的版式，运用这种版式是为了避免“碰题”“通线”“断版”的排版忌讳。

4.根据均衡特征对版式进行分类

根据均衡特征，可以将版式分为以下几种类型（见图7–12）。

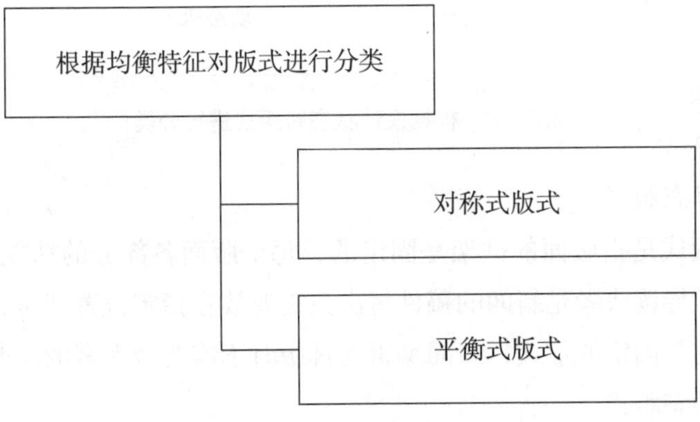

图7–12　根据均衡特征对版式进行分类

（1）对称式版式

对称式的编排方式是指在内容和形式上形成对称的状态，给读者一种整齐的感受。需要指出的是，这种对称式的编排方式除了可以整版采用对称编排之外，也可以局部采用对称的编排方式，这种对称方式非常灵活，只要可以收到预期的效果就可以灵活运用。

（2）平衡式版式

平衡式版式是指除了左右对称的版式之外的版面上出现的其他对称版式。平衡式版式的出现主要是从版面整体均衡方面考虑的，使版面不至于造成读者视觉上的失衡。

5.根据设计状态对版式进行分类

根据设计状态，可以将版式分为静态版式和动态版式两大类（见图7–13）。

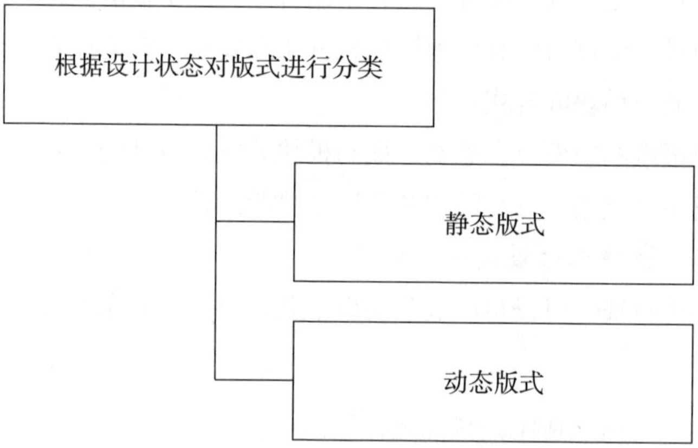

图7–13　根据设计状态对版式进行分类

（1）静态版式

静态版式是指版面的框架是固定的，每个版面各部分的功能是不变的，新闻图片、导读或者是新闻的稿件每次只需要放在指定位置即可，每期的报纸都采用的是固定的形式，新闻编辑在排版时不需要做太多的改变。

（2）动态版式

动态版式是与静态版式相对的，指的是除了一些固定的版面外，其他的版面都可以根据当天的新闻进行灵活安排。

二、版式设计的原则

版式设计的原则主要包括以下几个方面（见图7–14）。

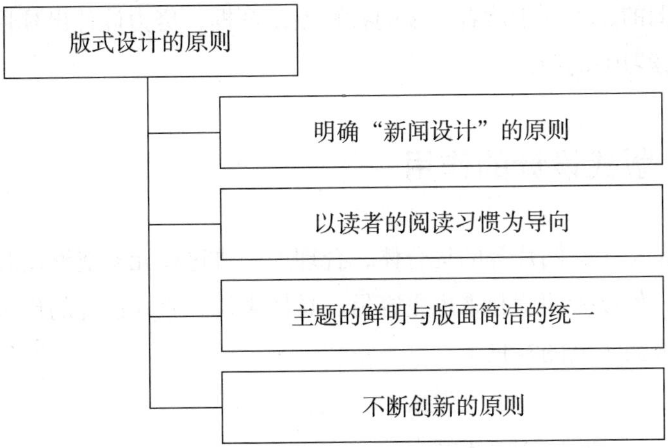

图7–14　版式设计的原则

（一）明确“新闻设计”的原则

“新闻设计”是指以新闻价值为导向，以视觉规律和美学规范为基础，在报纸版面上运用素材完成设计的过程。如果只是从审美的角度对新闻版面的设计进行评价而不顾其是否具有新闻价值，那么传播效果就会大打折扣。

（二）以读者的阅读习惯为导向

新闻媒体的出发点和落脚点都是读者，是为读者服务的。所以，在版面设计中，一定要把握好读者的阅读习惯，根据读者的习惯设计的版面才能更好地满足读者的阅读心理需求。

（三）主题鲜明与版面简洁的统一

版面离不开内容，更重要的是要体现内容的主题思想，以吸引读者的注意力。除了主题突出之外，版面还应简洁生动，要做到这一点，内容既要精练，同时又要注意版面的构成技巧。主题鲜明、版面简洁是版面设计的完美形式。

（四）不断创新的原则

创新是不断发展的动力，新闻版面设计质量的不断提高有赖于不断的推陈出新。当今社会，版面设计既要遵循排版的基本规范，同时也应该突破那些比较陈旧的，不利于读者阅读的各种条条框框，努力设计出耳目一新且符合读者阅读习惯的版面。

三、版式设计的作用

报纸是文字、图片等的集合体，合理地安排这些元素能够使版面更容易吸引读者，使读者阅读起来也更容易。具体来说，版式设计的作用主要包括以下几个方面（见图7–15）。

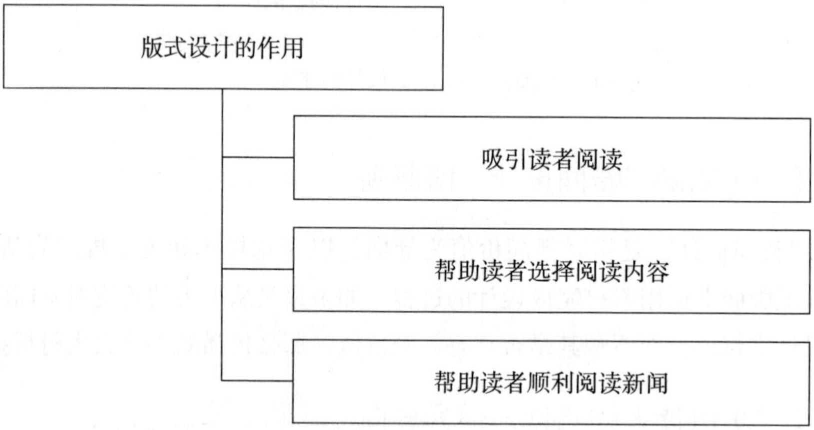

图7–15　版式设计的作用

（一）吸引读者阅读

报纸是视觉艺术的一种，其应该在视觉上给人以美感，要做到这一点，必须对其进行精心设计。如果设计得当，那么就会主次分明，条理清晰。反之，如果设计得不好，就会给人一种杂乱无章的感觉，看起来都会让读者心烦，更别说吸引读者阅读了。所以说，版式设计的一个重要作用就是吸引读者阅读。

（二）帮助读者选择阅读内容

读者在浏览各种信息时，一般都要有所取舍。一个版面上最显眼的信息往往首先会被读者看到，如果一个内容即使是非常重要的新闻被放在了不是很起眼的位置，那么也很容易被读者忽视掉。所以说，版式设计的一个重要作用就是能够帮助读者选择阅读内容。

（三）帮助读者顺利阅读新闻

报纸上的新闻内容非常多，读者能够顺利阅读，与版式有极大的关系。如果不分轻重缓急地在版面上对各类新闻随意排列，就看不出哪些新闻比较主要，哪些新闻比较次要，也看不出各新闻稿件之间是否存在一定的关系。通过合理设计版面，可以把各种不同的新闻分门别类地进行排列，条理清晰、层次分明，能够帮助读者顺利阅读。

四、版式设计的步骤

版式设计的步骤大致如下（见图7–16）。

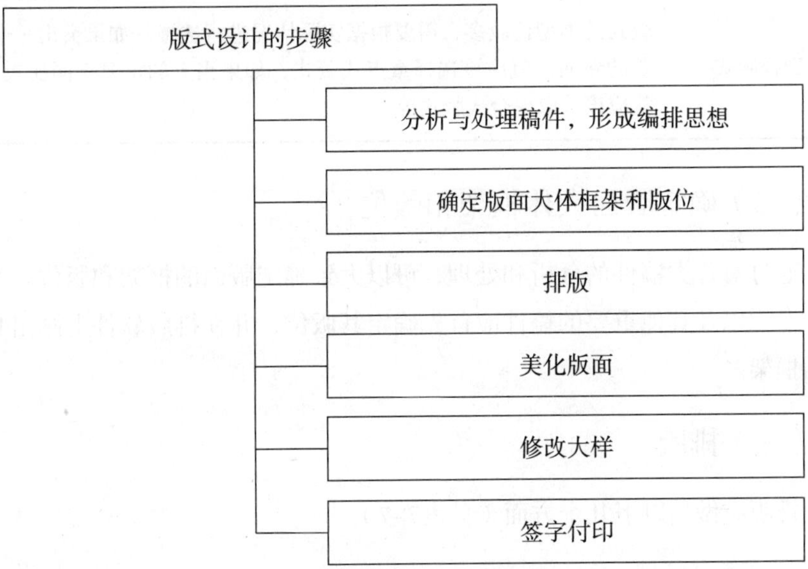

图7–16　版式设计的步骤

（一）分析与处理稿件，形成编排思想

新闻编辑应该理清楚稿件的重要程度以及各个稿件之间的关系，在此基础上才能确定如何对各种稿件进行合理编排。具体来说，在分析和处理稿件时应考虑以下几个问题（见表7-6）。

表7-6　分析和处理稿件应考虑以下问题

分析和处理稿件应考虑以下问题	具体阐述
考虑重点稿件	重点稿件指的是当日的重要新闻或者重要评论等，将重点稿件放在固定的专栏中，或者将其临时放在某一专栏中，但在版面设计时要对这一专栏进行突出
考虑用稿量	根据版面开张的大小确定可以放置多少稿件，如果所选择的稿件过多，要及时删减，如果需要转到其他版的，应与负责其他版面的编辑及时进行有效沟通
考虑稿件体裁的多样性	对于综合性的报纸来说，版面上最好包括新闻、通讯等多种题材，并且应尽量做到题文并茂，以防止版面内容的单调化
选择版式	版式的类型比较多，需要根据实际情况进行选择。如果突出一个重要的新闻，就应该选择重点式版式；如果当天的重要新闻比较多，就应该采取综合式版式等

（二）确定版面大体框架和版位

通过对各类稿件的分析和处理，可以大致确定版面的框架和版位。对头条、专栏以及其他重要的稿件应首先确定其版位，并在排版软件上画出其大体的框架。

（三）排版

排版应做到以下几个方面（见表7-7）。

表7-7　排版的要求

排版的要求	具体阐述
设置报头	在版样纸上设置页眉，报头的位置是固定的。在电子排版之前，它通常固定在版面的中间，或保存为文档库中的图像文件，可以通过单击相应的文件夹直接插入
安排报眼	《人民日报》报眼的版位面积为四栏宽18行高，重要的稿件标题通常占9行高，剩下的行就是编排文字的区域
安排头条	新闻编辑应该根据当日的稿件实际情况确定头条。可以根据新闻的重要价值来判断，也可以利用排除法，逐一分析排除不适合做头条的稿件，最终确定出头条
安排专栏	专栏一般要有完整的框线环绕，需要加全框
安排图片	如果图片只有一张，新闻编辑应对其着重处理，使其突出主题，能够极大地吸引读者。如果图片是两张或者以上，应首先明确图片之间的关系，按照比例对其进行裁剪，然后合理搭配，使其传播效果显著
安排导读	根据导读标题的数量留出适宜大小的位置就行。需要注意的是，为了增强视觉冲击力，在安排导读时可以设置底纹
安排其他稿件	根据已经安排好的格局对其他的稿件进行安排，在安排的过程中一定要从整体上进行考虑，以保证整体的效果

（四）美化版面

在版面编排好之后，尤其是在大样出来之后，一定要对版面的形式进行检查，再做进一步的美化。具体来说，一般要从以下几个方面对版面进行美化（见表7-8）。

表7-8　美化版面

美化版面	具体阐述
图的美化	由于图片在版面上具有独特的视觉冲击力，所以，对于版面上的图片，新闻编辑应格外重视。在条件允许的情况下，版面上可以多安排几张图片，并且要注意图片的合理搭配。另外，对于图片的颜色、形状以及底纹等都要注意其是否与版面的风格协调

续表

美化版面	具体阐述
栏的变化	根据版面的实际需要，确定是否需要采用变栏的编排手段。对开报纸如果不是固定的基本栏，那么通常会采用变栏的编排手段，以使各类文章看起来错落有致
标题的变化	对于标题应该认真检查，检查其长度以及厚度等是否合适，标题所使用的字体和字号等是否规范。如果是复式的标题，应注意观察这种标题是否会呈现给读者一种美感
空间的变化	检查版面是否留有一定的空白，从而使整个版面看起来干净整洁
检查排版忌讳	检查是否有碰题、通线等排版忌讳

（五）修改大样

在看大样时，应着重注意以下几个方面。

第一，根据媒体的编辑方针从整体上对所选用的新闻内容进行把关。

第二，检查各新闻所使用的标题、字体以及字号等是否合适。

第三，检查各版是否有漏稿和重稿的现象。

第四，检查版面的布局是否恰当。

第五，检查标题与正文以及图片是否相符。

第六，检查版和栏的转接是否存在错误的现象。

（六）签字付印

大样在经过修改之后最后打印出来的样章就叫清样，由版面责任编辑或部门负责人在清样上签上“付印”的字样，这就意味着稿件可以进一步发排、印刷了。

五、版式的优化

我国现阶段的报纸版面有以下变化与创新（见图7–17）。

图7–17　版式的优化

（一）版面的设计更为单纯

现代新闻的版面多采用更为单纯的设计形式来表现更为丰富的内容。例如，通常使用粗细不同的两种直线形式，以及采用一两种字体呈现新闻，以免出现字体过多而导致版面杂乱的情况。

（二）版面的设计更为醒目

版面设计的醒目主要表现在以下三个方面（见表7–9）。

表7-9　版面设计醒目的表现

版面设计醒目的表现	具体阐述
标题醒目	对于比较重要的新闻，通常会将标题的字体颜色改变或者通过字号变大的方式以引起读者的注意
照片醒目	新闻照片不仅可以传达新闻信息，同时还可以增加头版的亮点，所以，选择的照片一定要主题鲜明，位置醒目
框线醒目	为了突出某一稿件的重要性，有时会增设框线，甚至为框线上色，这样既可以有效与其他稿件区别开来，又可以在版面的结构中起到支撑和定式的作用

（三）头版厚题薄文

为了在有限的空间内集纳更多有价值的新闻信息，报纸头版通常采用标题完全盖住正文的形式，以厚题薄文的形式使读者一接触标题就可以了解主要的新闻信息，大大节约了读者读报的时间。

（四）图文并茂

从所有报纸上都可以看到图片的形式。图片的功能也从过去简单的只是一种传播工具上升为版面的一种美化手段，具有非常强的视觉冲击力。

（五）头版更为注重信息导航

导读具有非常重要的意义，对于报纸来说，设计出一条好的导读可以帮助读者用最少的时间了解到更多的信息。

（六）版面的栏数减少

随着社会的不断发展，版面的栏数呈减少的趋势，版面中会用到大块的、更为醒目的栏，并且会用到更多的图表元素，从而导致栏数逐渐减少。

（七）版面的设计更为清爽悦目

目前的报纸大量使用横文横题，更为方便读者阅读。另外，在版面的编排上，也注重层次分明、条理清晰，用最简洁的版面呈现给读者最生动的内容，简单的结构给人一种清爽悦目的感觉。

（八）运用较多的线条、色块、色彩

现代的报纸为了突出新闻价值，也为了版面的条理性和清晰性，经常使用线条、色块和色彩等元素。

（九）标题字号普遍加大

现在报纸上的标题字号明显比以前要大，这样就可以将标题清晰地呈现给读者，使其更加醒目和突出。

（十）广告在报纸版面上的位置更灵活

目前，广告在报纸版面上的位置变得更加灵活，广告的篇幅也逐渐增多，成为版面的一个重要组成部分。

第八章　新闻编辑的新技术应用

随着社会的不断发展，新闻编辑要想真正将受众的体验放在第一位，就不能只是简单地从素材的方面进行处理，还应该掌握先进的技术，利用各种技术手段去对新闻产品进行设计，只有这样才能生产出更加符合受众需求的新闻产品。

第一节　融媒体新闻传播新技术

融媒体新闻传播的新技术有很多，限于篇幅，下面仅对云技术、大数据以及定位服务技术——LBS进行简要研究。

一、云技术

（一）云技术的概念

云技术通常指的是云计算和云存储。云计算是指通过一定的技术手段使计算任务在由计算机所打造的超级服务器上进行。超级服务器包含有服务、存储器等多种资源，通过这些资源，计算机可以快速地完成计算任务。由于云技术在面向受众时是由多种软件以及多个平台共同完成的系统，所以这一系统被称为云计算系统。

当云计算系统需要处理的数据非常多时，就需要为其配备较多的存储设备，此时就可以将云计算系统称为云存储系统。

（二）云计算系统的特点

云计算系统的特点如下（见图8-1）。

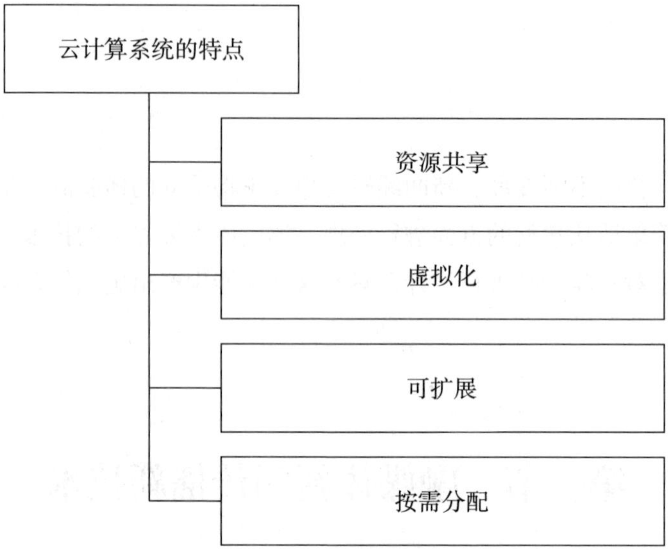

图8-1　云计算系统的特点

1.资源共享

由于云技术的计算能力非常强大，所以人们可以将各种资源都集中到一个资源池中，从而实现资源的共享。这样可以有效减少设备的规模，及时关闭没必要运行的设备，避免了资源的浪费。

2.虚拟化

用户在使用云计算系统时，不需要对其内部构造有所了解，只需要在使用时能够得到其需要的效果就可以了。从实际的使用情况来看，云计算系统的使用者可以在任何时间、地点使用任意的终端，通过网络来获取他们所需要的服务，这对于使用者来说，可以大大提高效率。

3.可扩展

考虑到用户多样化的使用需求，云计算系统通常采用的是模块化的设置，这种设置能够对资源进行最大限度的整合。

4.按需分配

通过资源的整合，使用者能够获取自己所需要的各种服务，而且还能够随着业务的不断变更提出所需服务的订购量，从而增加或者减少相关产品的服务，能够最大限度地避免资源浪费。

（三）云端的分类

根据开放程度的不同，云端又可以分为以下三类（见表8-1）。

表8-1　云端的分类

云端的分类	具体阐述
公有云	使用者可以将相关的数据放在云服务商的服务器上，这种云端具有开放性的特点
私有云	架设在使用者自身的服务器及其他软件上的云服务，使用者对云端的所有权限都可以进行设置
混合云	严格来说，混合云不是一种模式，而是一种选择，使用者可以根据自身的实际需要选择将数据一部分放在公有云上，一部分放在私有云上

二、大数据

（一）大数据的概念

从广义上说，大数据是指通过数据的集成共享、交叉复用形成的智力资源和知识服务能力。从狭义上说，大数据是指结构复杂、数量巨大、类型众多的数据构成的数据集合。

（二）大数据的特点

大数据的特点主要包括以下几个方面（见图8-2）。

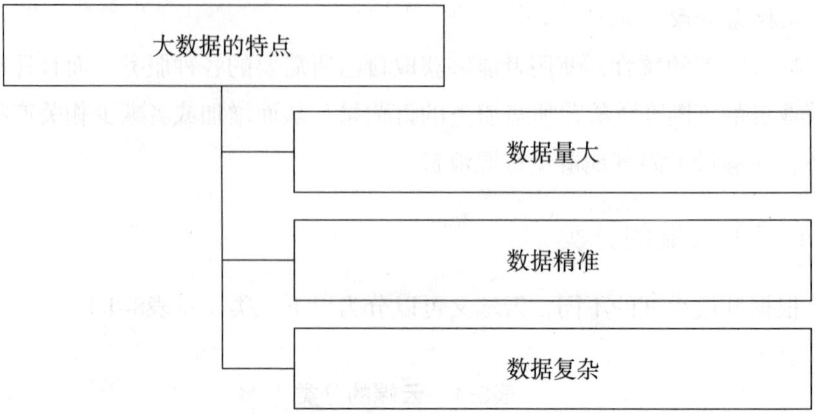

图8-2　大数据的特点

1.数据量大

数据总量的激增是大数据最直观的特点。这里所说的数据量大不仅仅指的是容量上的巨大，也是指人类可以使用的数据在不断增多。

2.数据精准

大数据在精确度上也有极大的提升，也就是说，人类对数据的测量更准确，计算也更为精准，所以说，数据精准是大数据的一个显著特点。

3.数据复杂

数据数量的急剧增加以及数据精准度的不断提高，促使数据的来源和种类也在不断增多，其结果是数据变得极为复杂。

（三）大数据对新闻变革的影响

1.数据驱动新闻

大数据已经渗透到了新闻的各个环节，从素材的收集到新闻的制作无不具有大数据的身影，而最能够反映大数据对新闻变革影响的一种报道形式是数据新闻。正是有了大数据的存在，才使得媒体能够从大量的资料中发现某种规律，从而能够解读新闻背后的深层含义，使读者能够对社会有更加深刻的了解。

2.基于算法的新闻写作

新闻写作是对新闻内容的改写或者重组，对人工的智能程度要求更高。机器写作工具的出现给新闻编辑的工作带来了不小的冲击，但实践证明，并不是所有的编辑工作都可以由机器来完成。对于具有需要写什么主题的新闻，新闻的写作风格是怎样的问题，还需要人工进行决策。所以从这个角度来说，机器新闻是不可能完全脱离人工的干预而独自完成的，并且机器新闻也只是适合某一风格的新闻写作。

三、定位服务技术——LBS

（一）定位服务技术的概念

定位服务技术（Loeation Based Serice，LBS）是通过电信移动运营商的网络，获取移动终端用户的位置信息，实现各种与位置相关的业务。

定位服务技术包含两层重要功能。

1.定位功能

确定移动设备或用户所在的地理位置的功能就是定位功能。

2.服务功能

提供与位置相关的各类信息服务的功能就是服务功能。

服务功能提供与位置相关的各类信息服务，简称定位服务。

（二）定位服务技术的新闻实践

1.基于地理位置的云采集

众所周知，时效性是新闻的重要特点，而信息采集的速度对新闻时效性又产生了重要的影响，信息的采集速度快，那么新闻的时效性就强，反之则弱。目前，提高信息采集速度的一个重要方法就是架设媒体的公有云。但对于一些大型媒体机构来说，由于其在较大范围内拥有的分支较多，所以信息采集者往往难以判断哪个范围能够快速获得信息。如果出现了这种情况，就可以利用定位服务技术将距离信息采集者最近的服务器推荐给他，这对提高发稿效率具有积极意义。

2.基于地理位置的精准新闻

随着地理位置服务的产生，新闻的区域细分得到了进一步的完善。目前，国内外都出现了大批基于地理位置的新闻客户端，这些客户端对于进一步缩小新闻的地域范围，深入挖掘新闻具有重要价值。

第二节　网络新闻编辑

一、网络新闻编辑的特点

网络新闻编辑的特点主要包括以下几个方面（见图8–3）。

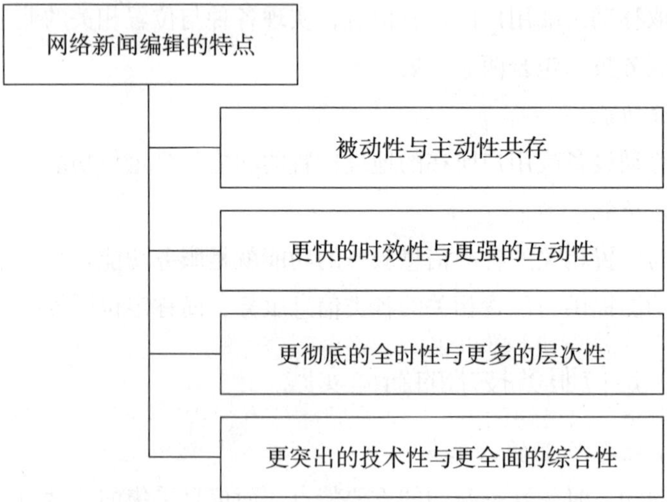

图8–3　网络新闻编辑的特点

（一）被动性与主动性共存

新闻编辑的工作是对原有的稿件进行进一步加工，因此，新闻编辑的工作具有被动性的特点，因为其只是对原有稿件的一种修改和完善。网络新闻编辑属于新闻编辑的一种，所以同样具有被动性的特点。

新闻编辑是对已经基本成型的稿件进行的进一步加工，这种加工是在已有的稿件上进行的，所以说，新闻编辑的工作具有被动性的特点。网络新闻编辑是建立在传统新闻编辑基础之上的，所以，仍然具有被动性的特点。

由于具有极强的传播性，所以网络新闻编辑也具有了更大的主动性，这主要表现在以下几个方面（见表8-2）。

表8-2　网络新闻编辑主动性的体现

网络新闻编辑主动性的体现	具体阐述
梳理	在对各类稿件进行梳理的过程中，网络新闻编辑在遵循编辑方针的前提下，可以根据对稿件的理解对其进行整理和修改，从而帮助读者更好地理解各新闻稿件之间存在的关系
专题	网络新闻编辑也可以策划和组织新闻专题，即使是同样的选题，网络新闻编辑也可以从不同的视角对各类新闻进行相关分析，以突出网站的个性特点
评论	网络新闻编辑可以根据实际需要来撰写各类新闻评论，以深化新闻的主题思想，引导受众
互动	网络新闻编辑可以设置适当的评论互动区域，从而能够从这些互动中了解更多的受众需求，更好地完善新闻信息

（二）更快的时效性与更强的互动性

网络新闻可以最快的速度对正在发生的事件进行报道，所以，网络新闻编辑具有更快的时效性。

网络新闻的传播者和受众的角色经常发生互换，二者之间可以进行即时、全面和直接的交流，互动性大为增强。所以，网络新闻编辑具有更强的互动性。

（三）更彻底的全时性与更多的层次性

网络新闻可以随时随地地进行发布，发稿是没有截止时间的，所以，新闻编辑具有更彻底的全时性，需要24小时不断编辑各类新闻信息，以此抢占先机。

网络新闻报道具有层次性，一篇完整的网络新闻报道通常会包括标题、内容提要、新闻正文、关键词或背景链接、相关文章的延伸性阅读等五个层次。

（四）更突出的技术性与更全面的综合性

网络新闻编辑通过各种技术手段对网络中出现的各类信息进行加工和处理，随着技术的不断发展，网络新闻编辑的加工将会越来越多样化和精细化。

网络新闻编辑具有的综合性特点主要表现在以下几个方面（见表8-3）。

表8-3　网络新闻编辑综合性的体现

网络新闻编辑综合性的体现	具体阐述
各种技术的综合	网络新闻编辑可以使用多种技术对新闻稿件进行处理，如数字化技术、超文本技术和多媒体技术等
各种手段的综合	网络新闻编辑是运用多种技术手段对各种新闻进行加工和整理，从而使网络新闻更具有吸引力
各种知识的综合	新闻编辑要想顺利完成各项工作，必须有社会学、传播学等各类知识的支撑
知识与技能的综合	网络既是一种传播媒介，同时也是一种技术平台，在使用网络发布新闻时，要具有良好的知识素养和技术能力，唯有两者相结合，才能胜任编辑工作
编辑流程的综合	目前，网络上的各种编辑排版软件日益完善，网络新闻编辑可以运用这些软件将各项工作同步进行，以提高编辑的效率

二、网络新闻编辑的任务

网络新闻编辑的任务主要包括以下几个方面（见图8–4）。

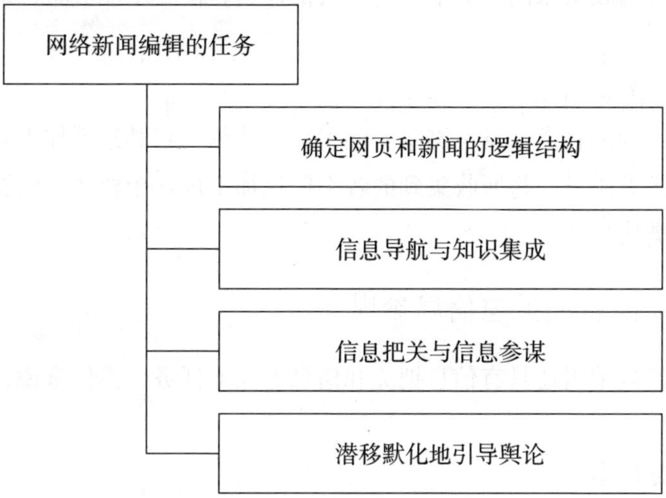

图8–4　网络新闻编辑的任务

（一）确定网页和新闻的逻辑结构

对于网络新闻编辑来说，除了要和传统媒体的新闻编辑一样需要考虑各版块和栏目的各个规划之外，还要对网状结构进行梳理，既要对一个平面内的内容进行组织，同时还要考虑网页与网页之间的逻辑关系等。

（二）信息导航与知识集成

网络新闻编辑具有信息导航和知识集成的任务，具体来说，网络新闻编辑应做到以下几点。

1.广泛搜集信息

只有搜集了足够的信息，才能满足受众的需要，搜集信息的具体步骤如下。

第一，广泛收集各类信息，加大信息的含量。

第二，对各类信息进行筛选，删掉那些会对社会造成不良影响的信息。

第三，根据实际需要建立信息资源库。

第四，将已经获得的各类信息进行归档，以便随时根据实际需要调用。

2.精心选择信息

精心挑选收集来的各类信息进行去伪存真，使受众能够获得最有价值的信息。

3.认真加工信息

对于收到的各类信息，网络新闻编辑应该认真对其进行加工处理，应根据受众的各类需求，将所收集到的各类信息加工成一个整体，使受众能够全面了解各类信息。

（三）信息把关与信息参谋

网络新闻编辑还具有信息把关和信息参谋的任务，具体来说，应做到以下几点。

1.成为信息提供者

网站所提供的各类信息必须是高质量和有价值的信息，所以，网络新闻编辑作为信息的提供者，一定要尽自己最大的努力提高新闻稿件的质量，具体应做到以下几个方面。

第一，一定要注意时效性，要发布最新的新闻信息。

第二，对新闻信息进行深入开发。

第三，运用多媒体语言和网络交互技术高质量地做好受众的引导工作。

2.成为信息引路人

网络新闻编辑应该充分发挥信息管理的经验，根据受众的要求，帮助受众在浩如烟海的各类新闻中获取到自己所需要的信息，成为受众的信息引路人。

（四）潜移默化地引导舆论

网络新闻编辑可以通过以下几种方式来潜移默化地引导舆论（见表8–4）。

表8-4　网络新闻编辑引导舆论的方式

网络新闻编辑引导舆论的方式	具体阐述
网络论坛	网络新闻编辑可以在网络论坛中对受众的各种意见进行反映，让受众通过不断的交流，形成一致的意见，以此形成对受众的引导
设置议程	网络新闻编辑可以通过设置议程的方式去引导受众选择符合议题的各类信息，然后运用各种正确的观点和有力的论述去支持这些信息，从而取得大众的支持，形成话语强势
表明意见	网络新闻编辑可以通过文字、图片、漫画等直接表明自己的意见，从而实现对舆论的引导
稿件集合	稿件通常是通过以下两种方式集合的。 第一，通过空间上的手段集合，即将有联系的新闻放在一起进行报道，从而成为同题集中或者是专栏。 第二，通过时间上的手段集合，即采用连续报道或者是系列报道的形式将同一主题或者是同一事件的新闻进行连续报道，从而使报道效果增加

通过以上两种方式，可以对新闻事件进行深入的报道，使稿群的优势得到发挥，网络新闻编辑的意图得到充分表达，从而引导舆论。

三、网络新闻编辑的内容

（一）网站定位

网站定位就是对网站整体新闻风格的规划，是对网站的自身资源以及受众资源充分认识的产物。在确定了网站定位之后，网络新闻编辑就需要根据这个定位对网站的相关新闻内容进行合理选择，正确引导受众。

（二）组织与策划

这里所说的组织与策划是指对网络新闻专题的组织与策划，从长远的发展来看，网络的原创新闻必然会增多，所以，与传统媒体一样，网络媒体也越来越重视新闻的组织与策划。

（三）具体编辑业务

1.网络新闻信息的选择

对于网络新闻信息的选择需要把握好以下几点要求。

第一，要考虑新闻是否符合国家的政策法规。

第二，要考虑新闻本身是否具有真实性和新闻价值。

第三，要考虑网络新闻网站的定位以及新闻是否符合受众的需要。

2.网络新闻信息的加工

由于网络新闻传播的特点，网络新闻在收到各种信息时，需要对其形式等进行加工，使之符合网络传播的需要。

3.网络新闻信息的整合

网络新闻信息的整合是通过对新闻素材的层次化处理，通过关键词超链接、背景链接等方式，拓展和加深报道的广度与深度。

4.网络新闻信息的延展

网络新闻信息的延展主要体现在以下几个方面。

第一，网络新闻编辑需要通过互动、评论等多种手段延伸网络新闻信息，从而形成一个更加完整的新闻传播体系。

第二，网络新闻编辑还需要有效地开展网络论坛的管理、网络新闻评论的组织、网络受众调查的实施等工作。

除了以上两点之外，云技术、大数据等网络新闻传播的新技术也是网络新闻信息得到延展的一个重要方面。

参考文献

[1]杨秀国. 新闻报道策划[M]. 北京：人民日报出版社，2012.

[2]刘伟. 实用新闻编辑学[M]. 北京：中国市场出版社，2010.

[3]谭云明，郑坚，罗新河，等. 新闻编辑学[M]. 武汉：华中科技大学出版社，2016.

[4]董小菲. 融合时代的新闻编辑[M]. 济南：山东人民出版社，2016.

[5]邝云妙. 当代新闻编辑学[M]. 广州：暨南大学出版社，2000.

[6]蔡雯，许向东，方洁. 新闻编辑学（第4版）[M]. 北京：中国人民大学出版社，2019.

[7]甘险峰. 当代报纸编辑学[M]. 广州：中山大学出版社，2008.

[8]赵振宇. 新闻报道策划[M]. 武汉：武汉大学出版社，2015.

[9]阴艳. 新闻业务基础与实战练习[M]. 北京：北京师范大学出版社，2011.

[10]赵振宇. 新闻报道策划[M]. 武汉：武汉大学出版社，2008.

[11]蔡雯，许向东，方洁. 新闻编辑学（第3版）[M]. 北京：中国人民大学出版社，2014.

[12]褚玉晶. 新闻采编与职业能力培养研究[M]. 世界图书出版西安有限公司，2018.

[13]蔡雯. 新闻编辑学[M]. 北京：中国人民大学出版社，2006.

[14]谭云明. 新闻编辑[M]. 北京：中国传媒大学出版社，2008.

[15]蔡雯. 新闻传播的策划与组织[M]. 北京：新华出版社，2001.

[16]蔡雯. 新闻编辑学（第2版）[M]. 北京：中国人民大学出版社，2010.

[17]许正林. 新闻编辑[M]. 上海：上海大学出版社，2009.

[18]蔡雯，甘露. 新闻资源开发设计[M]. 北京：中国人民大学出版社，

2007.

[19]邓庄. 新闻报道策划实务研究[M]. 北京：中国书籍出版社，2019.

[20]刘行芳，刘修兵. 新闻编辑原理与实务[M]. 武汉：武汉大学出版社，2010.

[21]若文. 新闻编辑能力训练教程[M]. 上海：复旦大学出版社，2006.

[22]刘行芳. 实用新闻编辑学教程[M]. 重庆：西南师范大学出版社，2006.

[23]龚彦方. 当代新闻编辑：从宏观思维到微观实践[M]. 广州：中山大学出版社，2015.

[24]蔡雯. 媒介融合推进下的新闻教育变革[M]. 北京：中国人民大学出版社，2021.

[25]米博. 从新媒体到全媒体：新时期新闻传播的发展研究[M]. 长春：吉林科学技术出版社，2021.

[26]付松聚，杜笑宇，吴春刚. 当代高校校报新闻采写与编辑[M]. 北京：光明日报出版社，2012.

[27]郑兴东. 报纸编辑[M]. 武汉：武汉大学出版社，2000.

[28]裴永刚，罗小萍，任正安，等. 现代新闻编辑教程[M]. 北京：法律出版社，2015.

[29]肖伟，罗映纯，邬心云. 当代新闻编辑学教程[M]. 广州：暨南大学出版社，2008.

[30]杨秀国. 新闻采访学通论[M]. 北京：人民出版社，2007.

[31]蒋晓丽. 现代新闻编辑学[M]. 北京：高等教育出版社，2002.

[32]方毅华，郝丽丽. 编辑学概论[M]. 北京：中国广播电视出版社，2017.

[33]贺晖，熊健. 现代旅游传播学[M]. 长沙：湖南科学技术出版社，2008.

[34]董天策，杜骏飞. 网络新闻传播学[M]. 福州：福建人民出版社，2009.

[35]张霆. 新闻策划理论与实务[M]. 北京：人民交通出版社股份有限公司，2021.

[36]陈红梅. 新闻编辑（第2版）[M]. 武汉：武汉大学出版社，2011.